しごと場見学！

商店街で働く人たち

しごとの現場と
しくみが
わかる！

山下久猛 著

全国中学校進路指導・キャリア教育
連絡協議会推薦

ぺりかん社

この本でみなさんに
伝えたいこと

　私たちが日々の暮らしの中でひんぱんに利用する場所や、どこの町にでもある施設——このシリーズではそんな場所や施設を取り上げ、そこではどんな人がどんな仕事をしているのか、くわしく紹介します。
　人が多く集まるところでは、必ずいくつかの職種の人たちが協力して働いています。私たちは日常生活でいろいろな職業の人びとのお世話になっていますが、実際に顔を合わせたり、言葉を交わすのは、ほんの一部の人だけなんです。このような、身近にいるのにふだんはなかなか会えない人、直接働いている姿を見る機会が少ない仕事、めったに入れない場所。そんな人や仕事にスポットライトを当てて、紹介していくのがこのシリーズの特徴です。

＊　＊　＊

　みなさんが住んでいる町にも商店街はあると思います。自分が欲しいものを買いに行くことや、お母さんのおつかいなどでよく行く機会もあるでしょう。また、商店街は買い物をするだけの場所ではありません。地域の伝統的なお祭りや市、コンサートなどのイベントも商店街で開催されてきました。そういうイベントが開催されると地元の人たちがたくさん集まってにぎわいます。有名なお祭りやイベントになるとそれを目当てに市外、県外からも大勢の人たちが来訪して、町が活気づきます。また、最近ではお年寄りの憩いの場になっていたり、小さな子どもをもつお母さんの情報交換の場になっている商店街もあります。みなさんのなかにも待ち合わせに使っている人もいるでしょう。こんな感じで、商店街は地域コミュニティーを支え、活性化するという機能ももっている

んです。

　そんなイベントを主催(しゅさい)したり、人が集まる場づくりをしているのは商店街の中のお店で働いている人たちです。彼(かれ)らは日々自分の店を切り盛(も)りすると同時に、商店街振興(しんこう)組合などの組織で商店街を盛り上げるために日々努力をしています。でも実際に彼(かれ)らが毎日、どのような仕事をしているか、知っている人はあまりいないのではないでしょうか。お店によっては、開店しているあいだだけではなく、閉店しているときでも見えないところで懸命(けんめい)に働いている人もいます。

　そこで、この本では、商店街やお店の内部がどうなっているのかをイラストでわかりやすく解説するとともに、実際に商店街にあるお店で働く人たちにじっくりとインタビューしています。日々どんな思いで働いているのか、シャッターが閉まっているときにはどんな仕事をしているのか、なぜ今のお店で働いているのか、などをたっぷり聞いているので、読み進めていくうちに、商店街の職場見学や職場体験をしているような気分になると思います。さらにこの本をもとに商店街の職場見学や職場体験に参加すると、よりいっそう理解が深まること請(う)け合いです！

　商店街で働いている人たちは、私たちの生活を支えるために、日々、文字通り体を張って働いています。

　みなさんのなかにも将来、自分でお店を経営したり、商売をすることで地元を盛(も)り上げたいと思っている人も多いと思います。そうではない人も、この本を読むことでそのような仕事に対する興味がわいてきたり、将来の職業選択(せんたく)をする上での参考に少しでもなれば、これにまさる喜びはありません。

著者

Chapter 4

営業時間外にもいろいろな仕事があるんだ

開店前、閉店後、営業時間外の仕事をCheck! ・・・・・・・・・ 106
営業時間外の仕事をイラストで見てみよう ・・・・・・・・・・ 108
働いている人にInterview!⑧鮮魚店の店長 ・・・・・・・・・ 122
働いている人にInterview!⑨花屋さんの店長 ・・・・・・・・・ 128
働いている人にInterview!⑩パン屋さんの職人 ・・・・・・・・ 134
働いている人にInterview!⑪雑貨店の店員 ・・・・・・・・・・ 140
　　独自の取り組みで活性化に成功した商店街2、3、4 ・・・・・・ 146

この本ができるまで ……………………………………… 152
この本に協力してくれた人たち ……………………… 153

Chapter 1

商店街ってどんな場所だろう？

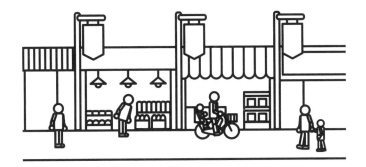

商店街には
さまざまな種類がある

商店街とは何か

　みんなの住んでいる町にも商店街はあると思うけれど、そもそも商店街ってどういうものか？　と問われて即答できる人はあまりいないのではないだろうか。それもそのはず、「商店街」にはこれといった明確な定義はない。辞書にも「商店が立ち並んだ通り」と書いてあるだけだ（『広辞苑』第六版）。

　ただ、国の行政機関である経済産業省が発表している商業統計表では、「小売店、飲食店、サービス業を営む事業所が近接して30店舗以上あるもの」をひとつの商店街と定義している。つまり、さまざまなお店が入居しているショッピングセンターや駅ビル、デパートなども、商店街に含まれることになる。

以下、この本では最新（2015年版）の商店街実態調査報告書に従って、商店街について解説していこう。

　現在、全国にはどれくらいの商店街があると思う？　答えは1万2681。全国の商店街にあるお店の総数は約28万軒、働いている人の総数は約215万人、年間売り上げは45兆円にも及ぶ。今の日本の国家予算が96.7兆円（2016年）だから、その売り上げ規模の大きさがわかるよね。

商店街のタイプ

　全国にこんなにたくさん商店街があるんだから、そのタイプもさまざまだ。分類の仕方はいろいろあるけれど、まず商圏や生活圏、販売している商品では以下の4つに分けられる。

①**近隣型商店街**：最寄り品（加工食品、家庭雑貨など私たちが頻繁に手軽にほとんど比較しないで購入する日用品）を扱う店が中心の商店街で、地元の主婦が徒歩や自転車で買い物を行う商店街のこと（50.8パーセント）。

②**地域型商店街**：最寄り品や買回り品（消費者が2つ以上の店を回って比べて購入する商品。ファッション関連、家具、家電など）を扱う店が混在する商店街で、近隣型商店街よりもやや広い範囲であることから、人びとが徒歩、自転車に加え、バスなどで買い物に来る商店街のこと（35.3パーセント）。

③**広域型商店街**：百貨店、量販店を含む大型店があり、最寄り品より買回り品が多い商店街（6.4パーセント）。

④**超広域型商店街**：百貨店、量販店を含む大型店があり、有名専門店、高級専門店を中心に構成され、車や電車などを使って遠距離からも人がたくさん来る商店街（1.8パーセント）。

　つぎに、立地環境で分けると、以下の6つがある。

①**住宅地背景型**：住宅地または住宅団地の近くにあり、主にそれら

に居住する人びとが消費者である商店街（30.2パーセント）。
- ②**繁華街型**：駅周辺を除いた都市の中心部にある繁華街に立地する商店街（26.7パーセント）。
- ③**駅周辺型**：JRや私鉄などの駅周辺に立地する商店街。ただし、原則として地下鉄や路面電車の駅周辺に立地する地域は除く（18.4パーセント）。
- ④**ロードサイド型**：国道や県道などの交通量の多い幹線道路・バイパス沿いを中心に立地している商店街（都市の中心部にあるものを除く。10.9パーセント）。
- ⑤**オフィス街型**：駅周辺を除いた都市の中心部にあるオフィス街に立地する商店街（2.6パーセント）。
- ⑥**その他**：上記以外の商店街。観光地や神社・仏閣周辺などにある商店街なども含まれる。

商店街がある場所は、その3割が人口50万人以上の「政令指定都市・特別区」。やっぱり人口が多いところに商店街はたくさんできるんだね。人口規模別でみると、「近隣型商店街」がすべての区分でもっとも多くなっており、「政令指定都市・特別区」では55.1パーセントとなっている。立地環境は、「人口20万人以上の都市」と「町・村」では「住宅街背景型」の割合がもっとも多く、それ以外の区分では「繁華街」が多くなっている。

商店街はさまざまな店が1カ所に寄り集まって街区を形成しており、たいていは団体を組織して商店街の運営にあたっている。その組織形態で分けると、商店街振興組合法に基づく「商店街振興組合」、中小企業等協同組合法に基づく「事業協同組合」、非法人の「任意団体」がある。「○○商店街振興組合」「○○商店会」などがそれにあたるが、その商店街を構成する会員数は、「20～29人（19.6パーセント）」、「10～19人（19.0パーセント）」、「30～39人（16.4パーセント）」の順に多くなっている。

商店街の役割

　商店街は単にいろいろな物が買える便利な場所ではない。商店街を歩くだけで、なぜかワクワクするという人もたくさんいるのではないだろうか。商店街にはその地で古くから商売をしていて、親から子、子から孫へと三代、四代と続く老舗のお店もめずらしくない。お客さまも三代続けて通っている人もいたりして、すっかり顔見知りになると、買い物途中でおしゃべりに花が咲くことも。こういう光景はスーパーマーケットや大型量販店ではなかなか見られず、このおしゃべりが楽しみで、地元の商店街のなじみの店で買い物をする人も多い。

　また、地域のお祭り、夜市などイベントが開催されているのも商店街で、地元の人だけではなく市外からも大勢の人びとでにぎわう。商店街には人と人とのつながりを生み、あるいは深め、地域コミュニティーを活性化するという大事な役割もあるんだ。

さあ、商店街の見学に行こう

　さて、ここまで商店街の概要や役割を簡単に紹介してきたけれど、つぎの章からは２人の中学生が実際に商店街に行って、いろいろなお店を見学しながら働く人たちに話を聞いていく。舞台になっている商店街のお店は架空のものだけれど、実在する商店街やお店をもとに構成し、インタビューページでは実際に商店街のお店で働くたくさんの仕事人たちが登場する。

　商店街のお店で働く人びとは、「安くて質の高い物やサービスを提供することで、地域の人びとを幸せにしたい、地域を盛り上げたい」という熱い思いをもっている。だからこそ長時間労働や不規則な生活にも耐えられるし、つらいことがあっても乗り越えられるのだ。そんな人たちが日々どんな思いでどんな仕事をしているのか、見に行こう！

Chapter 2

いろいろな
商店街が
あるんだ

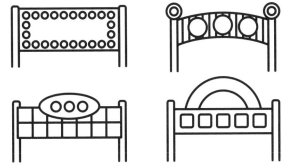

Chapter 2　いろいろな商店街があるんだ

商店街の種類を Check!

たくさんある
商店街には
いろいろなタイプがある。
代表的なものを
見学してみよう。

　日本全国には約1万2700もの商店街がある。中学生の松井くんと戸田さんが住んでいる市だけでも、いろいろなタイプの商店街がある。そのなかからタイプの違う3つの商店街をめぐって話を聞くことにした。

いろいろな商店街へ

松井くん「戸田さんはどの商店街に行っている？」
戸田さん「家からいちばん近いうさぎ谷商店街かな。子どものころから通っているから、よく知っている店も多いしね。あとは古里商店街かな。都会にあってうちからは電車で30分くらいかかるけど、おしゃれなお店が多いから。松井くんは？」
松井くん「古里商店街にはぼくもよく行くよ。夏の納涼祭りにはたく

さんの屋台やお神輿が出るから毎年行っている。あとは大野ブロードウェイ商店街もよく行くんだ。あそこはアニメとかまんがとかフィギュア関連を扱っているお店が多いからね」

戸田さん「じゃあ、今日はまず、うさぎ谷商店街振興組合の理事長さんのところへ行ってみましょう」

人情味あふれる下町の近隣型商店街

うさぎ谷商店街の振興組合事務所に来た2人。

松井くん「こんにちは。先日見学の申し込みをしたうさぎ谷中学の松井と戸田です」

うさぎ谷商店街振興組合理事長（以下、うさぎ谷理事長）「こんにちは。ようこそうさぎ谷商店街へ」

戸田さん「今日はよろしくお願いします」

うさぎ谷理事長「はい。よろしくね」

松井くん「まずはこの商店街の概要について教えてください」

うさぎ谷理事長「この商店街にあるお店は全部で約400店舗。手軽に買える日用品を売っているお店がメーンで、**買い物に来るお客さまもほと**

Chapter 2　いろいろな商店街があるんだ

商店街を
イラストで見てみよう

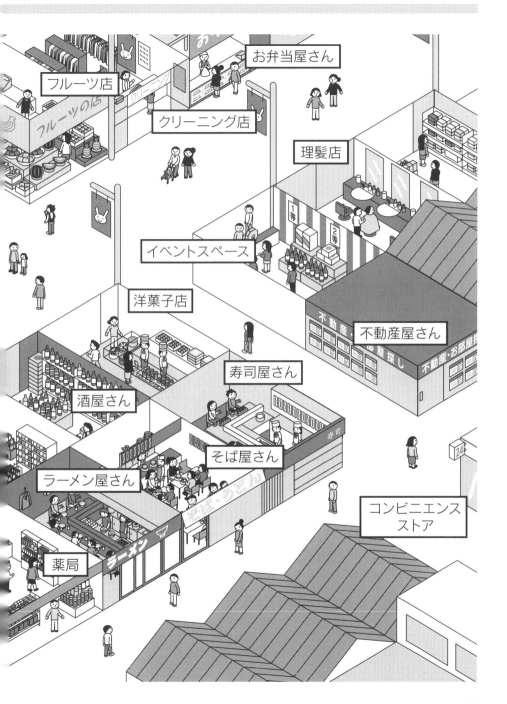

んどが徒歩や自転車で来る地元の人だから『近隣型商店街』、そして駅周辺に広がっているから『駅周辺型』と呼ばれている商店街だね」
戸田さん「お店の数が多いとは思っていたのですが、そんなにあるんですね。この商店街はいつごろできたのですか？」
うさぎ谷理事長「大正初期にサラリーマン階層が増え、鉄道が敷設されて駅ができ、住宅街が広がるにつれ商店もだんだん増えてきた。太平洋戦争で周囲は焼け野原になったけど、商店街は焼かれずにすんだから戦後はすごいにぎわいをみせたんだ。さらに幹線道路が近くを通ったためお客さまがますます増え、それに応じて商店の数もどんどん増えていった。商店街振興組合ができたのは約20年前。商店街としては新しいほうだけど、いわゆる下町で人情にあふれたいい商店街だと思うよ」

商店街振興組合とは

松井くん「商店街振興組合とはどのような団体なのですか？」
うさぎ谷理事長「商店街振興組合法に基づく団体で、その組合に加盟しているお店が定期的に集まって会合を開いて、**商店街を盛り上げるためにお祭りやスタンプラリーなどのいろいろなイベントを企画・実践して**

商店街の役割

　商店街はただ単にいろいろなものを買うことができる場ではない。そもそも商店街はお寺や神社の周辺や交通の要所、宿場町など人が集まるところに自然発生的に生まれてきた。人びとでにぎわえば、さらにその場所に商店を出す人が集まり、ますます町が栄えてきた。こういう好循環を生み出す作用、つまり、地域をにぎやかにする作用が商店街にはあり、町の活性化には欠かせない存在なのだ。町がにぎやかになり、活性化すれば治安もよくなり、住民の防犯意識も高まる。また、商店街振興組合や商店会では、組合員による深夜の見回りなども行われている。結果、犯罪発生率の低下にもつながる。そのほかでは一人暮らし高齢者の支援や、町並みや歴史的資産の保存などの役割を商店街として担う場合もある。

いるんだ」

花屋さんの店長（以下、花屋さん）「こんにちは。頼まれていた花をお持ちしました〜」

うさぎ谷理事長「ちょうどよかった。今見学の中学生が来ているから、実際にこの商店街での商売について教えてあげてくれないかな」

花屋さん「いいですよ〜。何が聞きたいのかな？」

Chapter 2　いろいろな商店街があるんだ

松井くん「この商店街でどのくらい商売をしているんですか？」
花屋さん「5年くらいだけど、ぼくの父がこの商店街でクリーニング店を営んでいてこの商店街で育ったから、この商店街自体がぼくの故郷みたいなもんなんだ」
戸田さん「この商店街で商売をしていてよかったなと思うことは？」
花屋さん「とにかく毎日買い物に来るお客さまの数が多いから、常連客がつきやすいってところかな。うちだけじゃなくてお店にとっては常連客の数は死活問題だからね。また、**下町にあるからみんな温かくて気持ちよく商売ができるところもある。**あとは、異業種との共同販促ができる点もいいよね。たとえば、商店街振興組合主催で開催した『うさぎ谷グルメウォーク』というグルメイベントで、あるお店でこのメニューを食べたらうちの店で花がもらえるというキャンペーンをやったんだけど、これまで来たことのないお客さまがたくさん来て、そのうちの何人かは常連客になってくれたからすごくよかったよ」
戸田さん「あ、私、そのイベントでお花をいただきました」
花屋さん「そうだったんだね。ありがとう。**商店街で商売をすることの最大のメリットは口コミ**だと思うんだ。ぼくらは仲間の異業種の店同士で『あそこはいい店だよ』とおたがいの店を勧めあうような連携を取っ

ているんだけど、それをもっと多くの店でやったら商店街全体が盛り上がるし、この町に住んでいてよかったと思ってくれる人が増えると思う。そのためにイベントには積極的に協力してるんだ。そろそろ店に戻らなきゃ。今度は店にも来てよ」

松井くん「ありがとうございました。お花屋さんのお仕事の内容も教えていただきたいので、後でうかがいます」

戸田さん「理事長さん、ありがとうございました。今度はお店見学におじゃまします」

300年以上の歴史をもつ商店街

　古里商店街の振興組合事務所に来た2人。

松井くん「こんにちは」

古里商店街振興組合理事長（以下、古里理事長）「やあいらっしゃい」

戸田さん「今日はよろしくお願いします」

古里理事長「こちらこそよろしく。この古里商店街は300年以上の歴史を誇る商店街です。都会にあって、江戸時代から寺社や大名屋敷、家臣

の家がたくさんあり、そのまわりに町人もたくさん住んでいたのでにぎわっていました。だから**商店街のなかには、江戸時代から何代にもわたって続いている創業100年以上の老舗も多い**んだ。ちなみに私のお店は創業130周年を迎える呉服店で、私が三代目。先の戦争の空襲でこのあたり一体は焼け野原になってしまったんだけど、戦後、みんなで必死に復興に尽力してね。終戦の翌年からバラックのお店が立ち並んで商売を再開。徐々に商店の形になっていって、1963年、現在の古里商店街振興組合ができたんだ。もうひとつの特徴は周囲に各国の大使館が多いから、外国人のお客さまが多いことだね」

戸田さん「都会にあるせいか、昔ながらのお店とおしゃれな今風のお店が混在していて、不思議な雰囲気の商店街ですよね。商店街振興組合としてはどのような活動をしてきたのですか?」

古里理事長「古里商店街といえば毎年内外から5万人以上の人が集まる納涼祭りが有名だけど、それ以外にも組合のメンバーが中心となって議論して、商店街を盛り上げるためのいろいろなイベントを開催してきました。それだけではなくて、**みんなで一丸となって地下鉄も誘致した**んだよ。それまでこの辺は都会にあるにもかかわらず、陸の孤島と言ってもいいくらいアクセスの悪いところだったんだけど、地下鉄が開通し

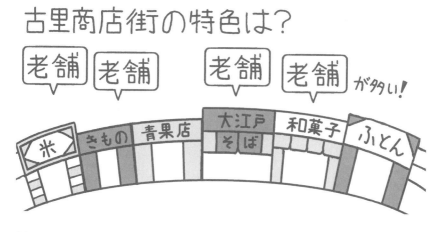

て古里駅ができてから、**ほかの地域や県から人びとがたくさん来てくれるようになったんだ。**そういう意味ではこの商店街は『地域型』にして『繁華街型』『観光型』商店街といえるだろうね」

松井くん「ぼくも納涼祭りは楽しみにしていて、毎年来ています。たくさんの出店があって、お神輿も練り歩くし、楽しいですよね」

和菓子店の職人（以下、和菓子店）「こんにちは。理事長、今度の納涼祭りの件なんですが……」

古里理事長「ああ、ちょうどよかった。彼の和菓子店は明治時代から続く老舗で、彼で四代目なんだ。組合の青年会で中心的な役割を担ってくれている。今中学生の２人が見学に来ているから、この商店街について教えてあげてくれないかな」

戸田さん「よろしくお願いします！」

和菓子店「今ちょうどお客さまもあまりいないから少しならいいよ」

松井くん「この商店街の魅力はどういうところにありますか？」

和菓子店「都会にあるんだけど、この商店街で商売をしている人たちは情に厚く、結束が強いんだ。そういうところが好きかな」

戸田さん「組合の中ではどのような仕事をしているのですか？」

和菓子店「今、この商店街で行われるイベントのほとんどは、ぼくら

30〜40代の三代目、四代目が中心の青年会が仕切っているんだ。**お店の仕事が終わるとこの事務所に集まって、ほかの青年会のメンバーといろいろなイベントの企画を話しあったり、準備に追われている。**特に納涼祭りの前は大変。和菓子店は真夏が暇な時期だから、ちょうどいいんだけどね（笑）」

松井くん「納涼祭りの当日はどんなことをするんですか？」

和菓子店「準備作業としてはテントを設営して神酒所をつくったり、お神輿を所定の位置まで運んだり。もちろん本番では仲間といっしょにお神輿をかつぐよ。たくさんの見物人で商店街全体が人で埋め尽くされるから、かついでいるぼくたちもテンションが上がるんだ（笑）。今後もこういうお祭りは後世に残していきたいよね」

戸田さん「ありがとうございました。また後でお店におじゃましてもいいですか？」

和菓子店「もちろん。待っているよ」

松井くん「理事長さんもありがとうございました。また遊びに来ます」

古里理事長「いつでもおいで」

> **コラム** 商店街の名称
>
> 　全国にはさまざまな商店街があるが、決まった名称があるわけではない。もっとも一般的なのは「地名」もしくは「通り名」＋「商店街」だが、商店会名をつける商店街も多い。また、東京の銀座から取った「○○銀座」の名称は都市部に限らず日本の各地で目にすることができる。ちなみに、日本でいちばんはじめに「銀座」という名前を譲り受けた商店街は、東京都品川区にある戸越銀座商店街で、正式に銀座から認定を受けている。「銀座」のほかにも「名店街」や「すずらん通り」「並木通り」という名前のついた商店街も数多く存在する。近畿地方から九州にかけては、主に食料品や日用品を扱う小規模な商店街のことを「市場」と呼んでいる。また、京都市やその周辺では、新京極通から取った「○○京極」という商店街名が複数存在する。

マニアが集まる趣味の商店街

　大野ブロードウェイ商店街に来た２人。

戸田さん「ここが全国のオタクの聖地と呼ばれている大野ブロードウェイなのね……。確かにアニメやマンガ、ゲーム、フィギュアの店がたくさんあるわ」

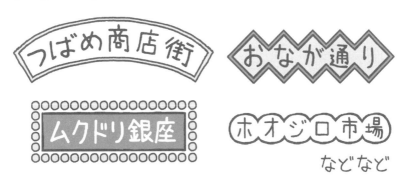

松井くん「もうこの中にいるだけで楽しくなってくるよね！　一日いても飽きないよ〜」

戸田さん「じゃあ、事務所に行きましょう。こんにちは」

大野ブロードウェイ商店街振興組合理事長（以下、大野理事長）「いらっしゃい。ようこそ大野ブロードウェイ商店街へ」

松井くん「ここはぼくの大好きな商店街でよく来てるんです」

大野理事長「ありがとう。この商店街は10代の子どもたちもたくさん来てくれているんだよ」

戸田さん「こちらはどのような商店街なんですか？」

大野理事長「この商店街はショッピングモールの草分け的な存在で、1961年にオープンしました。地上10階、地下3階の建物の地下1階から地上4階までがさまざまなお店が入っている商業施設、5階以上は通常のマンションになっている。こういうタイプの商業ビルは日本初だったんだよ。**地上2階から4階にかけては、アニメやマンガ、映画、プラモデルなどのマニアやコレクター向けのショップが数多く入っているのが特徴**だね。同じものでも複数の店を回って選んで買うものが多いと思うから『地域型』、立地環境では駅から近いから『駅周辺型』、お客さまの特徴で『観光型』、『趣味型』とも言えるだろうね」

松井くん「最初からアニメやマンガ中心の商店街だったのですか？」

大野理事長「いやいや、できた当初はファッション中心の商店街だったんだよ。アニメやマンガの本やグッズを扱う店が増えてきたのは、15年前くらいかな」

戸田さん「ほかに特徴は？」

大野理事長「昨今の日本のアニメ・マンガブームで、**海外から来るお客さまが増えたこと**だね。週末になると大勢の外国人のお客さまでいっぱいになるんだよ。特にこの２、３年でフランスやイギリスなどのヨーロッパ系のお客さまがかなり増えたね。もちろん、中国や台湾などのアジア系の団体客も多い。みなさん、両手にかかえきれないほどマンガ本やアニメグッズを買っていく。各地でここを訪れるアニメツアーも企画されているようで、みなさんが添乗員さんつきで館内をめぐっているよ」

松井くん「やはり外国人の誘致も振興組合として行ってきたのですか？」

大野理事長「もちろんそうだよ。多言語マップをつくったり、連休には外国人向けのイベントを企画して、無料で抽選クジに参加してもらって大盛り上がりだったよ。でも大野ブロードウェイ商店街振興組合として法人化したのは、３年前と結構最近の話なんだ。その前は商店会という任意組織だった。これからもっとこの商店街に入っているみんなで、一

致団結して盛り上げていこうということで、法人化したんだ」

中古DVD店の店員（以下、中古DVD店）「こんにちは。先日打ち合わせしたイベント企画の件なんですけど……」

大野理事長「ちょうどよかった。この子たちにこの商店街について教えてあげてくれないかな」

中古DVD店「いいですよ。どういうことが知りたいのかな？」

松井くん「やっぱりお兄さんもアニメやマンガが大好きなんですか？」

中古DVD店「いや、実はそうでもないんだよね。でも映画や本や音楽は大好きだよ。店員のなかにはもちろんマニア級の人は多いけど、意外とぼくのような店員もいるんだよ。でも、来るお客さまはすごくくわしい人が多いから、**知識だけは負けないようにいつも勉強している。**でないとお客さまに『店員なのにこんなことも知らないのか』と思われたらお店に来てくれなくなるかもしれないからね」

戸田さん「この商店街で働くことの喜びは？」

中古DVD店「やっぱりいちばんはDVDやCDなど、毎日自分が好きなものに囲まれて働けるってことかな。この商店街はオタクの聖地と呼ばれているところだから、お客さまはそれなりの知識や経験をもったマニアも多い。そういう人は探しているものが決まっているから、それがお

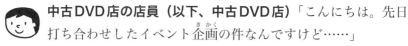

店にあることがまず大事なんだ。でもそれだけならインターネット通販でもいいわけだよね。**実店舗を経営している意味はそれ以外にある。**たとえばお客さまが探しているものではないけど、お店で出合っておもしろそうだなと思ってつい買ってしまう、とかね。そういうマニア心をくすぐる品ぞろえをするということもすごく大事で、担当者の仕入れセンスが問われるところなんだ」

松井くん「それすごくわかります！　ぼくも探しているものじゃないものでも、おもしろそうだなと思ってつい買ってしまうことがよくあります。そういうことがあるとうれしい気分になりますよね。今まで知らなかったものと出合えたことで自分の世界が広がったような気がして」

中古DVD店「ぼくもまさにそれを狙っているんだよ。それができると、『あの店に行くと何かおもしろいものと出合えるかもしれない』と特に買いたいものがないときでも来てくれるようになるからね」

松井くん「それ、まさにぼくです（笑）。ありがとうございました。またゆっくりお店に行きます」

戸田さん「理事長さんもありがとうございました」

大野理事長「どういたしまして。知りたいことがあったらまたいつでもおいで。ついでに買い物していってね（笑）」

Chapter 2　いろいろな商店街があるんだ

働いている人に Interview! ①

精肉店の店員

安心・安全でおいしいお肉を
できるだけ安く提供。
人びとの食を支える重要な仕事。

保坂光晴さん
(ほさかみつはる)
中島屋精肉店
(なかじまやせいにくてん)

東京・野方商店街で80年以上続く中島屋精肉店に25歳のときに入店。以来、現社長の右腕として働いている。地元の草野球チームで監督も務めている。

Interview!

精肉店の店員ってどんな仕事？

牛、豚、鶏などの生肉を問屋から仕入れ、部位ごとに切り分け、骨を抜き、成形し、スライスしてショーケースに並べる。生肉の販売だけではなく、コロッケやメンチカツなどの揚げ物やモツ煮込みやビーフシチューなどの惣菜、加工品づくり、販売も行う。近くの学校や飲食店への配達も重要な業務のひとつ。

80年以上の歴史をもつ地域密着型のお肉屋さん

　私が今の中島屋精肉店で仕事をし始めたのは25歳のとき。現在は4世帯6人で店を切り盛りしています。それぞれに役割分担が決まっています。

　私たちが扱っているほとんどの商品は生もので、人の口に入り、人の体をつくるお肉なので、安心・安全でおいしいお肉をできるだけ安く提供することをモットーにしています。そのため、お肉の品質と取り扱いには徹底的にこだわっています。たとえばうちで販売している牛肉はA4ランク以上の和牛のメスのみです。メスのほうが味に深みがあり、やわらかくておいしいからです。牛はひと月に1頭を問屋さんからまるごと買い取ります。肉の色、形、サシ（脂）の入り具合を入念にチェックして、OKだと判断したものだけを買っているんですよ。

　豚肉は入間ポークというブランドのものを牛と同じく一頭買いで購入。入間ポークは、緑いっぱいの自然の中でおいしい空気を吸い、地下100メートルから汲み上げた天然水を飲んですくすく育つことで、安全・安心で深い旨味をもつお肉になります。鶏肉は山梨の富士山の麓で育った地鶏の紅富士鶏。歯ごたえと旨味の両方を兼ね備えています。

　牛も豚も枝肉（頭部、尾、四肢端などを切り取り、皮や内臓を取り除いた後の肉）を買ったら部位ごとに自分でさばいて、細かい骨を抜いて形を整え、スライサーでスライスしてショーケースに陳列します。東京の中野区だけで30軒近く精肉店がありますが、自分で骨を抜いて成形

しているのはおそらく3、4軒。あとは問屋さんから部位ごとの切り分けも骨抜きも終わっていて、スライスすればいい状態の肉を買っている店がほとんどだと思います。その理由は、1頭分の巨大な肉を部位ごとにさばくのも、骨を抜いて成形するのもとても手間がかかるからです。

　私たちがあえてそうしているのは、骨抜きまで自分で行うのが精肉店だという先代の教えを守っているのと、そうすることで肉の安全性を自分の目で見極められるからです。これが、うちの店が安心・安全に徹底的にこだわっていると断言できる理由のひとつです。

メンチカツで地元商店街のグルメ賞を受賞

　また、牛・豚・鶏肉などの生肉を販売するだけでなく、コロッケやメンチカツ、お弁当、モツ煮込み、牛肉のシチューなど加工品も販売しています。特にメンチカツは大好評で、2012年度の中野逸品グランプリおみやげ部門で銀賞を受賞しました。その揚げ物を担当しているのが私の母です。単価がいちばん高いのは牛肉ですが、全体の売り上げの割合ではコロッケやメンチカツなどの惣菜がもっとも多いんです。もちろん

牛肉をスライスして、ショーケースに見栄えよく並べます

Interview!

すべて自家製。だから安心・安全だと言い切れるんです。

お肉は店頭販売だけではなく、配達も行っています。近くの保育園と小学校の給食用に加え、ラーメン屋さんと蕎麦屋さんにも肉をスライスして届けているんです。

一日のなかでもっとも忙しいのは夕食前の16、17時。昼食どきの12時前後も混みあいます。毎週金曜日は半額セールを開催しているので、午前中から行列ができるほど混みますよ。月間では事務作業が集中する月末が、年間では年末がいちばん忙しいですね。季節では、肉を使う鍋物が増える秋冬にお客さまが増えます。逆に夏場や雨の日は客足が激減

▶ 精肉店の店員のある1日 ◀

7時	出勤。社長がスライスした配達用の肉を注文通りに袋に詰める。小学校の給食用をつくりながら開店の準備。肉を切ってショーケースに並べる。
8時	小学校の給食や、ラーメン店、蕎麦店への肉の配達。
9時30分	朝食。
10時	開店。肉の骨を抜き、成形して肉を切りそろえ、ショーケースに並べる。接客。
11時	昼食用の惣菜やお弁当を買いにたくさんの客が来る。1回目のピーク。
14時	昼食。
14時30分	再び、肉の骨抜き、成形、陳列、接客。
16時	夕食用の食材を買いに来る客で混みあう。2回目のピーク。
19時	閉店。煮込みの仕込み。掃除。請求書作成などの事務作業。
22時	業務終了。帰宅。

当店自慢のメンチカツをぜひ！

Chapter 2　いろいろな商店街があるんだ

します。天候や季節によっても売り上げは左右されるんですよ。

　お店自体は19時で閉店しますが、その後もやらなければならない仕事はたくさんあります。惣菜をつくったり、掃除をしたり、パソコンで伝票やチラシをつくったり。月に１回煮込みを仕込むときは、大鍋でつくって小分けに袋詰めして冷凍するので、深夜まで働いています。定休日は日曜日ですが、月曜日の給食用の惣菜づくりなどで働くことも多いですね。ほっとできるのはお正月だけです。

　肉は生ものなので、管理にとても気を遣っています。売れ残ったものはコロッケやメンチカツなどの惣菜にしたり、モツ煮込みに加工。ものをむだにしない発想力、創意工夫が大事なんです。

　仕事をする上で大切にしているのは、うそをつかずごまかさずに商売をやること。地元の人に長年愛される店になるためには、これしかないですね。

　やっぱりお客さまからうちの肉や惣菜がおいしいと言ってもらえるとうれしいですよ。お客さまには料理に最適なお肉をお勧めしたり、肉料理のレシピを教えたりしますし、商店街の近くに住んでいるなじみの方とは世間話をしたりとよくお話ししています。

地域のお客さまに愛される中島屋精肉店

Interview!

肉で世代を超えたつながりをもてる

　私は25歳から働き始めたのですが、当時店に来ていた小学生たちが今、親になって子どもを連れてよく買い物に来てくれます。先代の社長から今の社長、私たちが提供する肉を食べて子どもが大人になり、また私たちの提供する肉を買いに来てくれる。だからこそ彼らに、安心・安全でおいしい肉を食べてもらいたいと強く思うんです。

　子どもたちとも顔なじみになると、いつも話しかけてくれるし、私のほうも「車に気をつけろよ」とか「信号はちゃんと守れよ」と声をかけています。それってぼく自身が子どものころに商店街の大人に言われたことなんですよ。そういう世代を超えたつながりがもてて、彼らの生活の一部に私たちの仕事が入り込んで脈々と受け継がれて、今またつぎの世代につなげられるということが幸せです。これが、商店街で長く商売をすることの魅力だなって、最近つくづく思うんです。

　今後も、中島屋精肉店の肉なら安心でおいしいと信頼してもらえるような店であり続けることを目標に、来店してくれる人たちの食を支え、笑顔にするためにがんばりたいと思います。

精肉店の店員になるには

どんな学校に行けばいいの？

　特に決まったルートはない。一般的な中学・高校・大学や全国食肉学校などの職業能力開発校を卒業後、スーパーマーケットの精肉部や個人の精肉店に就職する。修業の後、独立して自分の店を構える人も。食肉販売技術に関する主な資格としては、食肉販売技術管理士などがある。

どんなところで働くの？

　一日のうちのもっとも長い時間は、精肉店の店内で、肉の切り分け、ショーケースの陳列、煮込みなどの加工品の仕込み、接客、販売などをしている。近所の得意先のラーメン店などの飲食店や小学校、中学校、高校などに配達に行くこともある。

Chapter 2 いろいろな商店街があるんだ

働いている人に Interview! ②

和菓子店の職人

お客さまを喜ばせるために
ひたすら和菓子をつくり
100年以上続く老舗(しにせ)ののれんを守る。

須﨑雅紀(すざきまさのり)さん
紀文堂(きぶんどう)

東京・麻布十番(あざぶじゅうばん)商店街で100年以上続く和菓子(わがし)店・紀文堂の次男として生まれる。高校卒業後、製菓専門学校に入学。卒業後、別の和菓子店を経て、24歳(さい)のときに実家を継(つ)ぐべく入店。現在は父親といっしょに和菓子(わがし)づくりにはげんでいる。

Interview!

和菓子店の職人ってどんな仕事？

和菓子をつくるために生地や中に入れる餡の仕込み、焼き、包みなどを行う。おいしさを追求するため原材料にもこだわる。メーンとなる焼きは微妙な火加減の調整が必須。手先の器用さに加え、細やかな心配りが必要とされる。うまくお客さまとコミュニケーションをとらなければならない接客も重要な仕事だ。

ものづくりが好きで和菓子職人の道へ

ぼくが和菓子職人として働いている紀文堂は、1910（明治43）年創業で、2016年に106周年を迎えました。今は三代目の父と四代目のぼくで日々和菓子づくりにはげんでいます。主力商品は七福神人形焼き、紀文せんべい、ワッフルの３つ。創業以来、100年以上ずっと手焼きにこだわっていて、その技法は代々受け継がれてきました。

小学生のころから材料の買い出しや、父が焼いたお菓子の箱詰めなど、手伝いをよくしていましたし、店で父の仕事をよく見てもいました。中学時代は将来のことは考えてなかったのですが、高校を卒業するころに進路について考え始め、子どものころから手先が器用で図工が得意で、ものづくりが好きだったので、家業を継いで和菓子職人になろうかなと。

そのためには製菓衛生師の国家資格が必要なので、卒業後は製菓専門学校へ進学。和菓子づくりの勉強をしてみて、やっぱり自分には向いていると思いました。専門学校を卒業後はほかの和菓子屋さんで１年間修業して、和菓子づくりの基礎を習得。その後３年ほどまったく別の仕事をしてから、24歳のときに四代目としてこの店に入りました。

以降は主にワッフルをつくっています。ワッフルづくりははじめてでしたが、最初に細かいことを父に聞いたくらいで結構うまくできました。小さいころからずっと父の仕事を見ていたし、つくり方も変わっていないので。もちろん、最初のうちは何度か失敗もありましたが、微妙な火加減やタイミングの問題なので、後は完成度を上げていきました。

現在は、朝店に来たらぼくがワッフル、父が人形焼きをつくります。午後、父が瓦せんべいを焼いているあいだに、人形焼きが売れてしまって足りなくなったらぼくが焼くこともあり、その日の売れ行きで焼く商品が変わります。

ワッフルのつくり方

ワッフルづくりの手順ですが、まず生地の仕込みは前日に行います。水、小麦粉、卵、砂糖などの原材料を入れて混ぜるのですが、原材料にはこだわっていて、卵は茨城県の奥久慈卵を使っています。自然飼育の鶏の卵で非常にコクがあるんです。小麦粉も仕上がりがなめらかになるように、キメの細かい物を使用しています。

メーンとなる焼きは、ふわっとした食感にするために生地にメレンゲを混ぜます。その生地を型に流し込んで表裏を焼いていきます。毎日焼いている数はおよそ200枚。生地が焼けたら中身を詰めて包みます。

中身は、通年の定番メニューがカスタードクリームとあんずジャム。季節限定メニューがコーヒークリーム、モンブラン、抹茶クリーム、き

ワッフルの生地を焼く。集中して火加減に注意します

なこクリーム、チョコレートクリームなど。季節限定メニューはぼくが開発したものなんですよ。長い期間ラインナップが変わっていなかったので、新しく種類を増やしたいと思って。売り上げは上がりましたね（笑）。お客さまにも知れ渡り、夏は抹茶クリームを買いに来る方も多くなりました。

　ワッフルにかかわらず和菓子づくりで重要なのは、大きさ、焼き色、厚さ、量を統一しなければならないということ。うちは手づくりにこだわっていますが、人の手でつくっているからこそどうしてもムラが出る。それをできる限り少なくすることにとても気を遣っているんです。

和菓子店の職人のある1日

9時30分	出勤。ワッフルを焼き始める準備。絞り袋にモンブランの中身を入れたり、火をつけて型を温めたり。
10時	ひたすらワッフルを焼く。
12時	昼食。お客さまが多いときは昼食の途中でもワッフルを焼く。
13時	再びワッフルを焼く。父親が瓦せんべいを焼いているあいだに人形焼きが足りなくなったら焼くことも。その日の流れで仕事は変わる。
16時	焼き場の掃除、片付け。
16時30分	明日の仕込み。小麦粉、卵、砂糖などで生地をつくる。接客も。
19時	閉店。帰宅。

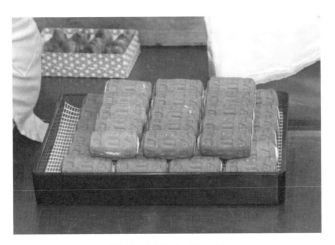

紀文堂の人気商品・ワッフル

Chapter 2　いろいろな商店街があるんだ

　商品を均一にするためには火加減が命。同じペースで焼いていても、微妙な火の強弱で型の温度が変化します。適温を維持するために、焼き始めより色が濃くなってきた、薄くなってきたと、常に生地の焼き色をチェックしながら、3つある火力のつまみで常に調整をしているんです。このようなことは、日々の焼きの作業の中で、体で覚えます。

　生地を上手にひっくり返すのも難しいんですよ。ひっくり返したとき、それまで焼いていた位置とまったく同じ位置にはなかなか行きません。そもそも、ふつうの人は生地が熱くて持てないと思います。ぼくも最初のころは生地をひっくり返す左手の爪が焼けて焦げ茶色に変色し、冬になると乾燥してバリッと割れることもよくありました。指も焼けて皮が剥けていました。熱さに慣れて平気になるまで、1年くらいはかかりましたね。焼けた生地に中身を包むときは、同じ分量で同じ形になるように気をつけています。

　うちでつくっている和菓子は特別な物ではなく、似たような和菓子をつくっているお店はほかにもたくさんあります。それだけにお客さまから、「紀文堂のお菓子がいちばんおいしい」と言われたときがもっともうれしいし、この仕事をしていてよかったと思いますね。また、うちの

麻布十番商店街で100年以上も続く紀文堂

Interview!

店は歴史が長いので、子どものころからうちの和菓子を食べていた方が大人になっても買いに来てくれるんです。昔はおじいちゃんに連れられて店に来ていた子どもが、大人になって自分の子どもを連れてきたり。こういう光景を見られるのは、老舗ならではです。

自分でつくってみることが大事

今後の目標は、店の売り上げをもう少し伸ばすこと。そのためにはもっと商品開発に力を入れる必要があります。今は父とぼくの2人だけなので、父が引退してぼくが職人兼経営者になる前に、より商品開発に時間を割けるように若手の職人を入れて育てたいと思っています。

将来お菓子づくりの職人になりたいと思っている人は、何でもいいので自分でつくってみることをお勧めします。お菓子づくりは材料の分量が重要。料理と違って目分量や適当はダメで、ちゃんと決められた分量通りに細かく量って投入しないと、まったく別物になってしまいます。

ぼくも専門学校時代は家でケーキを焼いたりしていました。お菓子づくりは楽しい仕事なのでぜひめざしていただきたいですね。

和菓子店の職人になるには

どんな学校に行けばいいの？

特に決まったルートはないが、一般的な中学・高校・大学を卒業後、和菓子づくりの基礎を学べて、製菓衛生師や菓子製造技能士などの国家資格が取得できる専門学校に入るケースが多い。その後は和菓子店や和菓子メーカーに就職して修業を積み一人前をめざす。修業の後、独立して自分の店を構える人も。

どんなところで働くの？

一日のほとんどの時間は店内の厨房で材料の仕込み、タネづくり、焼きなど和菓子づくりをしている。そのほか店頭での接客、販売、レジ打ちなども行う。仕事の後は商店街振興組合の会合に出かけることもよくある。

Chapter 2 いろいろな商店街があるんだ

働いている人に Interview! ③
中古DVD店の店員

お客さまから持ち込まれる商品を
査定し、新しく値段をつけ、
店頭で販売する。

樋口 塊さん
まんだらけ中野店
UFO

京都の大学を中退後、上京。音楽好きだったためCDショップでアルバイトを4年ほど経験。その後、編集プロダクションを経て8年前から現在の仕事に。

Interview!

> ### 中古DVD店の店員ってどんな仕事？
>
> 毎日店に持ち込まれる大量のCDやDVDの価値を見極めて買い取り、汚れを取り除いてきれいにし、新しく値段をつけて店頭に陳列する。商品の価値を正しく判定できる目と、来店する客もその分野にくわしいマニアが多いので、豊富な知識が必要とされる。接客、レジ打ち、販売も行う。

買い取りと値つけがもっとも重要な仕事

みなさんのなかには中古の本やCD、DVD、ゲームを買ったことがある人も多いと思います。ぼくはその中古のアニメ・映画のCD、DVDを専門に扱っているショップで働いています。

当店には日々、全国のお客さまから大量の中古CD、DVDが持ち込まれてきたり、送られてきたりします。それらの状態や価値を見極めて、買い取り価格を決めます。当然、新品同様で発売当時の付属品もすべてそろっており、あまり世の中に出回っていない商品は高く売れるので、高く買い取ります。その逆で新品同様でも、すでに当店やほかの店にもたくさんある商品の買い取り価格は安くなります。買い取った商品は汚れを拭き取りきれいにして、値つけをしてから店頭に並べます。このいくらで買って、店でいくらで売るのか。その買い取りと値つけがもっとも重要な仕事です。

当然、お客さまから買い取った価格でそのまま店に出すのではなく、その価格に店の利益を上乗せします。だからお店としては、できるだけ安く買って高く売りたいわけです。しかし、こちらの提示した価格に対してお客さまが納得せず、売ってもらえなければ店に商品が並びません。かといって買い取り価格が高過ぎると店に並べても売れず、商売になりません。だからお客さまがこの値段なら売ってもいいかな、と判断するギリギリのラインを見極めるのがいちばん難しいんです。そのラインは需要と供給の関係で日々変動するので、毎日調整をしています。

基本的にCD、DVDの買い取りの基準となる価格はないので、買い取り担当者の裁量に任されています。そのため、個人の目利きが重要になってきます。たとえば経験豊富な店員なら、すぐ値崩れしてしまいそうな商品は見ればわかるので、高く買うようなことはしません。中古店に行く人ならわかるでしょうが、同じ作品の販売価格がA店では1万円でB店では3000円ということはまずありえません。だいたい似たような価格になっているはずです。それは需要と供給のバランスもありますが、各店の担当が今まで買い取りと値つけを続けてきた経験則が現れているのです。

買い取るさいのポイント

買い取るさいに注目するポイントは作品の発売時期と流通量です。発売から1年以上経ったものは半額以下にするなど、おおよその価値の下げ幅は決まっています。ただ、流通量に関して言えば、市場にたくさん流通している物のほうが安いとは限りません。たくさん流通していても人気が高いものは、それほど値段は落ちません。また、100万枚売れた

商品の買い取りのようす。お客さまと交渉することも

Interview!

ものより1000枚しか売れていないもののほうが確かにレアですが、人気がなかったから売れなかったということでもあるので、高く買い取っても高く売れるとは限りません。ただ、その作品が何かのきっかけで人気が高まるというケースもあるので難しいところです。

　もちろんとんでもなくめずらしい作品、これまでに見たことのない作品は、人気のあるなしにかかわらず高い値段をつけることもあります。その作品をつくった人たちの名前をチェックし、有名な監督や音楽家が参加していれば、高値に説得力をもたせられます。この説得力、その値段の根拠がすごく大事なんですよ。

中古DVD店の店員のある1日

11時30分	出勤。レジにお金を入れる、店を掃除したり、BGMをかけるなど開店準備。
11時45分	中野店の店員全員が出席する全体ミーティング。朝の出勤状況、前日の精算状況、連絡事項の伝達などを連絡・報告。問題があれば相談する。
12時	開店。お客さまから持ち込まれたアニメや映画のDVDやCDなどの査定、値つけ。お客さまと交渉することもよくあるのでコミュニケーション能力は必須。買い取った商品をきれいにみがいたり袋に詰めたりして店頭に並べる。店内では買いに来たお客さまの対応、レジ打ちなども行う。手の空いたときに食事、休憩。
20時	レジを締め、売り上げを計算。閉店して帰宅。

買い取った商品を店内に陳列します

ぼくがこの作品にこれだけの価値があると認めた理由を理解してくれるお客さまがいるはずだ、と思いながら値つけをしています。そうしていると、それに共感してくれるお客さまが集まってきてくれると思うんです。それが中古店の仕事の醍醐味ですね。

お客さまが商品をレジに持ってきたときに、「これ、ずっと探していたんだよ」とか「よく知らないけどおもしろそうだからください」と言われたときは、素直に喜びを感じます。ものを買うことは楽しい行為なので、それにかかわれるのはうれしいですよね。そのためにもなるべくいい商品、お客さまがおもしろがってくれる商品を置いて、そのよさをお客さまに伝えられるように努めています。

自分の力でお客さまを呼び寄せたい

少し前に、アニメ以外にも映画DVDの販売も本格的に始めました。まだまだ他店に比べて品数が少ないので、もっと増やして映画DVDを買うならうちの店、と言ってもらえるようにしたいです。街にはおもしろい映画DVDが置いてあるお店が必要だと思うし、少なくとも自分が

中野ブロードウェイで人気のあるまんだらけ中野店UFO

いいと思うものを後世に残していかなければいけない。そしておもしろいと思ってくれる人もなくしてはいけない。ふつうに生活していて得られる知識だけではなくて、好きなものやまだ見ぬおもしろいものを探しに行こうという意識をもった人を呼び寄せるような店にしたいですね。

当店は知名度が高いので、お客さまは店の名前で来てくれる人がほとんどです。言い換えれば、これまで当社の先輩や上司ががんばって高めてきたブランドに乗っかっているだけなんです。なので、店の看板やブランドに甘えずに、自分の力でそういう店をつくっていきたいです。

今は好きなことややりたいことを早く見つけようという風潮がありますが、ぼくは必ずしも好きなことを仕事にしなくていいと思っています。ぼく自身、そもそもアニメや映画がそれほど好きではなく、今の仕事がしたいと思っていたわけではまったくないんですよ。それに社会には、好きだからその仕事をしているという人のほうが少ないと思います。

ただ、中学生のころからいろいろな本や映画、マンガ、アニメ、音楽などたくさんの文化にふれて、いろいろな場所に行ってさまざまな人と話すのはいいことだと思います。そうすることによって、いいものと悪いものを判断する目、本物を見極める目が養われますからね。

中古DVD店の店員になるには

どんな学校に行けばいいの？

特に決まった学校はない。まんだらけの場合は学歴、年齢、経験一切不問。アニメやマンガ、映画関連の専門学校を卒業している必要もない。マンガ・アニメに人生を懸けられる人なら誰でもOK。入社ルートもアルバイトから正社員に昇格する人もいるし、学校を卒業して最初から正社員として入社する人もいる。中古商品の価値は日々変わるので、常に勉強する姿勢が要求される。

どんなところで働くの？

いちばん長くいるのは買い取りコーナー。あとは品出し、接客、レジ打ちのために店内で働く。

Chapter 2　いろいろな商店街があるんだ

▶ 商店街にまつわるこんな話1

商店街の運営方法

　商店街は一つひとつの独立した個人事業主、法人が経営するお店がひとつのスペースに集まって構成されている。その商店街の商店主たちが寄り集まって商店街の発展のためにつくった主な団体が、商店街振興組合法に基づく「商店街振興組合」なんだ。

　商店街振興組合法とは、商店街が形成されている地域で、青果店や鮮魚店などの小売業や、クリーニング店などのサービス業を経営する人たちが協同して商売をしたり、商店街の環境を整備・改善するために必要な組織について定めた法律。各店舗、ひいては商店街全体が健全に発展し、公共の福祉を充実させることを目的としている。商店街振興組合は、たいていは理事長をトップに副理事、理事、会員で構成されており、全国に約1750もあるんだ。

　ほとんどの商店街振興組合では定期的に組合員を集めて合意形成の場を設けて、商店街の運営の仕方を参加者による話し合いにより決めている。組合中には30〜40代の若手中心の「青年部」や女性中心の「女性部」などがある。

　主な取り組みはソフト面とハード面のふたつに分けられる。ソフト面では歳末、中元のセール、節分、スプリングセール、夏祭り、秋祭り、ハロウィン祭り、酉の市、雪まつり、ポイントカード、グルメラリーなどの「祭り・イベント」、避難訓練や防犯シンポジウムなどの「防災・防犯」、マップ、チラシ作成などの「共同宣伝」、ゴミ拾い、掃除などの「環境美化、エコ活動」などがある。近年は、高齢者向けサービスや、勉強会・学習会、子育て支援サービス、パソコン・携帯電話・スマートフォンなどを使ってTwitter（ツイッター）やFacebook（フェイスブック）などのSNS（ソーシャルネッ

トワーキングサービス）を活用した情報発信などに取り組んでいる組合もある。

　ハード面では、「街路灯の設置（LED化を含む）」、「防犯設備（監視カメラなど）の設置」、「アーケードの設置やカラー舗装など歩行空間の整備」、「街路樹の植栽」、「案内板、統一看板」などがある。近年はスマートフォンの急速な普及により、商店街内の無線LAN設備を推進している商店街も増えている。また、商店街は地元に暮らす人びとが集まる地域コミュニティーの要の場でもあるので、ほとんどの商店街で「研修会・会議、趣味、各種イベントに使用する小規模交流施設」や「展示ブース（個展・展示即売会など）」、「高齢者・障がい者・小さい子どもをもつ母親などの交流サロン」などのコミュニティー施設が設置されている。

　これら全国の商店街振興組合らを束ねるのが全国商店街振興組合連合会。各都道府県に設置された県商店街振興組合連合会やその会員組合(市・区振連、単位組合)、小売店との有機的ネットワークで、商店街・小売店の活性化のために必要な、調査・研究、研修、指導・相談、情報交換・提供などを行っている。

　そのほかの商店街組織には中小企業等協同組合法に基づく「事業協同組合」、非法人である「任意団体」などがあるが、趣旨や活動内容はほぼ同じだ。

▶ 商店街にまつわるこんな話2

商店街の歴史

　日本で商店街が最初に出現したのはいつごろだと思う？　これには諸説あるんだけど、市場を含めた「商品を売るさまざまなお店が立ち並んだ場所」と定義すると、魏志倭人伝や万葉集の時代にまでさかのぼることができるんだ。魏志倭人伝は3世紀の日本のようすが書かれてあるため、約1800年前から存在していたことになるね。
　奈良の平城京から京都の平安京に遷都されると、朝廷によって人為的に市場がつくられた。
　鎌倉・南北朝時代になると面的につくられた市場が廃れ、道路沿いに細長い「間路」が整備され、その両側にさまざまな店舗が並んだ。中世には港町、宿場町、門前町に市が立ち、「市町」と呼ばれた。
　同時に組織的な概念として「座」が誕生した。座とは村の自治組織で、やがて職業が分化すると職業に応じて座が形成され、組合的な存在へと発展した。座は朝廷や貴族・寺社などに金銭などを払う代わりに、営業や販売の独占権などの特権を認められた。
　しかし、戦国時代になると各大名は、税の減免を通して新興商工業者を育成し経済の活性化を図るために、それらの特権をもつ座の商工業者を排除して自由取引市場をつくり、座を解散させた。これが楽市・楽座だ。みんなも歴史の授業で習ったと思う。
　江戸時代中期以降は城下町の中心部から大店が出現し、宿場町、門前町にも商業が発展。商業集積を形成した。また行商を生業とする「棒手振り」と呼ばれる商業者も多く存在した。組織的なものとしては「株仲間」が発達。株仲間とは独占的な商取引を許可された商工業者の同業組合で幕府や諸藩から株札の交付を認められ、役員

を置き、月行事など寄合で意思決定をした。現在の○○商店会とか○○商店街振興組合の元祖と言えるかもしれないよね。

　江戸幕府は、当初は楽市・楽座路線を継承した商業政策を方針としたが、良品の製作販売、価格統制などの目的で株仲間を公認し、保護する政策をとった。

　明治初頭になると人口の増加とともに都市化が進み、日常生活の物資を賄う商業が発展した。1894（明治27）年には石川県金沢市で片町組合が結成。この片町商店街が日本でもっとも古い商店街組織とされている。その他にも竹盛会（現・佐竹商店街）、心勇会（現・心斎橋筋商店街）などが結成された。

　このような商店街の組織としての活動が本格的に広がったのは1920～30年代で、農村部から都市部へ人びとが急激に流れ込んでいったからなんだ。都市流入者の多くは雇用層ではなく、資本をそれほど必要としない貧相な店舗、屋台、行商の小売業の零細自営業だった。

　都市化と流動化による新たな小売業の零細自営業の誕生により、零細自営業を増やさないこと、そして貧困化させないことが課題となり、この課題を克服するなかで生まれたのが「商店街」という理念だった。当時は数千の商店街組織があったと考えられているんだ。

参考：企業診断ニュース2015年8年号ほか

Chapter 2 いろいろな商店街があるんだ

▶ 商店街にまつわるこんな話3

商店街がかかえる問題とその対策

　1920〜30年代に現在のような商店街が出現して以降、一度戦争で焼けてしまったが、戦後の復興期、高度成長期という右肩上がりの経済の波に乗って、商店街は増え、売り上げも伸び続けた。

　しかしその後は、都市部の一部の商店街を除き、特に地方では低迷するようになった。商店街を取り巻く環境は年々厳しくなっていて、お店をたたむ経営者が増えている。その結果、郊外の住宅地や地方などの商店街のなかには廃業し、シャッターを下ろしたままのお店が立ち並び、「シャッター商店街」と呼ばれるような商店街も増加している。みんなの町にもこういう商店街があると思う。

　さらに2008年にリーマンショックが起きると、日本のほとんどの産業・業種で売り上げは減少した。商店街も例外ではなく、さらに苦境に立たされることになり、2009年の1年間で、日本全国で400の商店街が消滅したというデータもある。

　じゃあ、なぜ商店街はこんなにも低迷、減少しているのだろう。その要因には以下のようなものが考えられている。

● 生活行動圏の広がり

「徒歩→自転車」「自転車→自動車」へと交通手段が変化していくにつれて、行動圏は拡大し、お店の経営者はより広い範囲での競争にさらされることになった。自転車の時代までは商店街に買い物に来る人も多かったが、車の時代になると駐車場がない商店街は不利になった。

● ワンストップショッピングの台頭

　スーパーマーケットやそれを核とした大型のショッピングセンターが出現すると、日用品や食料品など1カ所でいろいろなものが

買える便利さゆえに、多くの人びとはそちらへ買い物に行くようになった

● **消費者の生活スタイル・意識の変化**

所得の向上につれて消費財が普及していったが、衣服や家電などの買回り品は、より多くの商品を見比べたうえで自分の好みに合ったものを買い求めたいというニーズが生まれ、品ぞろえの豊富な大型店舗が消費者の支持を集めた。

● **価格勝負で負ける**

一般的に、大手量販店は個人店よりも資本力で勝るため、商品をより安い価格で販売できる。

一方で、実際に商店街で商売を営んでいるお店の経営者が感じている問題点でもっとも多いのは、「経営者の高齢化による後継者問題」。2006年度からその割合は年々増加していて、2009年度以降はすべてのタイプの商店街で1位となっているんだ。そのつぎに多いのが、「集客力が高い・話題性のある店舗・業種が少ないまたはない」。

しかし商店主たちもただ黙って手をこまねいているわけではない。個々の商店としては「店舗改装、店内レイアウトの変更」「販売促進（POP・ディスプレー・チラシ等）の強化」、「パソコン・ITの活用」に取り組み、商店街としては、イベントの開催（季節の祭り、市、福引など）、アートとの連携、ゆるキャラの創作、地域の歴史・文化資源の掘り起こしなどに取り組んでいるんだ。対策を一部でも行った商店街では「商店街が衰退している」より「繁栄している」と感じている割合が多くなっている。

みんなも商店街がなくなったらさびしいよね？　それだけではなく地域そのものの衰退へつながってしまう。だからスーパーや激安店よりも少々価格が高くても、地域を支えてきた商店街で買い物をしよう！

Chapter 3

開店中はどのように仕事をしているの？

Chapter3　開店中はどのように仕事をしているの？

開店中のようすを Check!

商店街のお店で
働く人たちは、
お店が開店しているあいだ、
どんなことをしているのかな？
いろいろな仕事を見てみよう！

　商店街で商売をしている人たちはお店がオープンしているあいだは、いろいろな仕事をしている。具体的に、開店中はどんな仕事をしているのだろう。中学生の松井くんと戸田さんは、興味津々で話を聞きに商店街にあるお店を訪れた。

お客さまの目の前で和菓子をつくる

古里商店街の和菓子店に来た2人。

戸田さん「こんにちは！」
和菓子店の職人（以下、和菓子店）「やあ、いらっしゃい。いつもうちの和菓子を買ってくれて、ありがとね」
戸田さん「だってこのお店の和菓子、すごくおいしいから、小学生のこ

ろから通っているんです」

松井くん「そうなんだ。ぼくも食べたことあるけど確かにおいしいよね」

和菓子店「うちはこの商店街で**四代にわたって100年以上商売しているからおじいちゃんやその子、孫までうちのファンというお客さまも多いんだよ**。ぼくは四代目なんだけど、だからこそ絶対に自分の代で途絶えさせたくないという思いは強いね。当然父もそう思ってこれまで不景気で厳しいときもあったけど、それを乗り越えてきたんだ。でもこの商店街はもっと古く、江戸時代から続いている店も多いから、うちの店は中堅くらい。100年超えてやっと老舗になったかなという感じだね」

戸田さん「それでもすごいですよね。お店の中で、実際にお菓子をつくっているところが見られるのも楽しいです」

和菓子店「小学生や中学生はずーっと見ている子もいるよ（笑）」

戸田さん「私も買いに来たらよく見ています。見られたら緊張しないのですか？」

和菓子店「もう慣れたよ（笑）」

松井くん「お客さまから見られるところでお菓子をつくっているってことは、それだけ自信があるってことですよね」

Chapter3　開店中はどのように仕事をしているの？

開店中のお店を
イラストで見てみよう

和菓子店「そうだね。ごまかしがきかないし、自信がないとできないね。**手づくりだから常に手はきれいに洗うし、身なりもきれいにしておかないといけない。清潔感をすごく気にしているかな。**いちからつくっているところを見られるのはいい、というお客さまも多いよ。変な材料を使ってないというのがわかるから安心だってね」

戸田さん「どんな和菓子が人気なんですか？」

和菓子店「そうだね、うちの場合は人形焼きとワッフルかな。あとはせんべいやおかき、あられなども、ご年配のお客さまには人気だよ。一つひとつ全部手焼きでつくっているんだ」

松井くん「だいたい何時くらいから焼き始めるんですか？」

和菓子店「9時半にお店に出て、焼くための準備をして、10時くらいから本格的に焼き始める。商品の売れ行きにもよるけど、だいたい夕方くらいまではひたすら焼き続けて、和菓子をつくっているよ」

戸田さん「私は抹茶クリームやあずきが入っているワッフルが大好きなんですけど、どうやってつくっているんですか？」

和菓子店「まず、生地を型につぎつぎに流し込んで、表と裏を両面焼く。焼き上がったら、ワッフルの中身となるクリームやジャムなどをのせて包む。それでできあがりだ。実際につくってみるから見ていて」

商店街の来街者

商店街にはどんな人たちが来ているのだろう。中小企業庁が発表した2015年度の商店街実態調査報告書によると、全体的には「高齢者(82.2パーセント)」、「主婦(77.7パーセント)」、「家族連れ(36.5パーセント)」の順に多くなっている。

商店街タイプ別でみると、「近隣型商店街」から「超広域型商店街」になるに従い、「高齢者」、「主婦」の割合は少なくなり、一方で「観光客（国内・海外）」や「学生・若者」、「会社員」、「家族連れ」の割合が多くなっている。立地環境別で見ると、「オフィス街」以外のすべてで「高齢者」、「主婦」がもっとも多く、いずれも30パーセントを超えている。

松井くん「なるほど。すごく速いスピードで、流れるようにつくっていくんですね」

和菓子店「生地はすぐ焼けてしまうから、もたもたしているとこげちゃうんだよ。それに、**店頭に並んでいる商品が売り切れてしまわないように、たくさんつくらなきゃいけないし**」

戸田さん「生地をひっくり返すのもすごく上手ですね。素手でひっくり

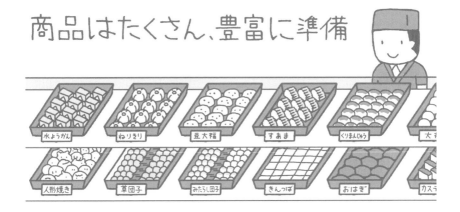

返していましたが、熱くはないんですか?」
和菓子店「戸田さんや松井くんなら、熱くて生地が持てないだろうね(笑)。ぼくはひっくり返しやすいように、ひっくり返すほうの手の指の爪をちょっとだけ長く伸ばしてるんだよ。でも、和菓子店で働き出したころは指の皮は焼けて剥けてしまうし、冬になると乾燥して爪がバリッと割れることもあったなあ。毎日毎日焼き続けることによって、少しずつ慣れていったんだよ」
松井くん「和菓子づくり以外には、どんな仕事をしているんですか?」
和菓子店「手が空いたら、**もちろん接客やレジ打ちもやっているよ**。和菓子づくりの仕込みは主に父が担当している。19時には掃除をして閉店。そうしてやっとひと息つける感じかな」
戸田さん「忙しい時間帯ってあるんですか?」
和菓子店「曜日や天気、季節など、その日によって違うんだ。やっぱり雨や雪の日、暑過ぎたり寒過ぎたりする日はあまりお客さまは来ないね。基本的には、たくさんの人がこの商店街を通る日が忙しいんだ。**季節でいうと、春や秋の晴れた土日、祝日がにぎわっているよ。年間を通してもっとも忙しいのは年末からお正月にかけてかな**。あと、このあたりはお寺が多いから、**お彼岸も忙しくなる**。うちでつくっている和菓子はほ

とんどが生ものだから、できればその日に売り切りたい。だから毎日調整しながらつくっているんだ」
戸田さん「ありがとうございました。ついでにワッフルを買って行っちゃおっと。抹茶クリームとあんずジャムを２つずつください！」
和菓子店「毎度ありがとうございます。また聞きたいことがあればいつでも来てね」

お客さまをひきつける青果店のひみつは？

青果店店長（以下、青果店）「こんにちは！」
松井くん「こんにちは。こちらは八百屋さんですね」
青果店「そうよ。今日はりんごが安くなっていますよ！」
戸田さん「りんごか〜、おいしそう！」
松井くん「今、商店街のお店で働いている人がどんな仕事をしているのか聞いて回っているんですが、教えていただけますか？」
青果店「今はお客さまも少ないしいいわよ」
戸田さん「ありがとうございます。この青果店の営業時間は、何時から何時までなんですか？」

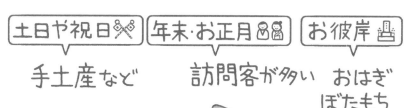

Chapter3　開店中はどのように仕事をしているの?

青果店「11時から20時までよ」
松井くん「お店に来ると、まずはどんなことをするんですか?」
青果店「お店には10時30分ごろに来て、売り場を整えます。たとえば**その日にいちばん売りたい野菜をもっとも目立つところに置いたりと、野菜の配置を決める**んです。この配置のことをゾーニングというんだけど、売り上げが大きく左右されるから、とても重要な仕事なの」
戸田さん「値札もとてもわかりやすいですね。これなんかイラストもある。かわいい〜」
青果店「そうそう、値札もお客さまにアピールする大きなポイント。必ず書くのは名称と産地と値段。その野菜の料理の仕方なども、わかりやすくイラストつきで紹介したりしています。ゾーニングは一度決めたら終わりではなくて、その日に入荷してくる野菜や果物によって、毎日、時間ごとに変えているの。売りたいものを前面に出して、なかなか売れないものは値下げして出してみたり。値札を大きく変えたおかげで全部売り切ったこともあるのよ。あと、**開店中のメーンの仕事は接客かな**」
松井くん「ほかはどんな仕事をしているのですか?」
青果店「**レジ打ちや野菜をカットしていることも多いですね。**フルーツなどは試食用のものをつくることもあります。閉店時間になったら店の

いち押しの野菜は目立つところへ

外に出している商品を中に入れたり、売れ残ったものを冷蔵庫にしまいます。その後、掃除、ゴミ出し、洗い物、その日の売り上げの集計をして21時くらいにお店を出るような感じかな」
戸田さん「かなりやることが多いんですね」
青果店「あと、この青果店は個人店じゃなくて会社が経営しているんだけど、ここだけじゃなくて、この市内にグループ店が10店舗くらいあるの。私はその会社の小売グループマネージャーでもあるから、このお店で働いていないときは、スタッフの勤務シフトの作成、スタッフの研修スケジュールの作成、各お店のやる気を上げるための施策の考案などもしているのよ。また、会社全体の業務がスムーズにしっかりと回せて、利益が上がるように、ほかのグループマネージャーと状況報告、予想される問題点などについて密に話し合っています」

いつも笑顔を欠かさずに

松井くん「お客さまに対してはどのように接しているんですか？」
青果店「店に入ってきたお客さまだけではなく、店の前を通りかかって、店頭で商品を見ているお客さまにも『こんにちは〜』と笑顔であいさつ

するようにしています。**やっぱり商売の基本は笑顔であいさつ！** ニコニコと楽しそうに仕事をしているお店には、自然とお客さまは来てくれるんですよ」

松井くん「それ、すごくわかります。ぼくらもお姉さんの笑顔につられてつい入ってきちゃったもんね（笑）」

青果店「まあうれしい。ありがとう。うちは町の八百屋さんなので常連さんが多く、うちの店に来るのを楽しみにしている人が多いので、フランクに親しみやすく話しかけるようにしています」

戸田さん「それはお客さんとしてもうれしいですよね。やはりお客さんとうまく話せることが大事なんですね」

青果店「そうね。うまく話せなければいけないというよりも、人と話すことが好きな人は、この仕事に向いているかもね。私が勧めた野菜や果物をお客さまが買ってくれて、後日店に来たときに『おいしかった』と喜んでくれるととてもうれしいわね」

松井くん「この仕事の難しいところはなんですか？」

青果店「その日に仕入れたものをその日に売り切ることをめざしてはいるのですが、なかなか難しいときもあります。野菜は生きものなので1日たつととたんに悪くなるの。特に夏は売れ残って廃棄処分になるもの

> **コラム　洗濯のエキスパート・クリーニング師**
>
> 　どの商店街にも必ずひとつはあるクリーニング店。チェーン店から個人店までいろいろあるけれど、そのすべての店が守らなければならないある決まりがある。それは最低一人の「クリーニング師」を置くこと。
> 　「クリーニング師」とは「クリーニング業法」に基づいて各都道府県が実施する国家試験に合格後、免許を受けてクリーニング業務に従事する専門職のこと。お客さまから預かった衣類を雑菌などから守るため、洗濯処理や公衆衛生に関する専門的な知識が必要とされるからだ。各都道府県で行われるクリーニング師試験の受験資格は「中学校又はこれに準ずる学校を卒業した者」。試験内容は衛生法規に関する知識、公衆衛生に関する知識、洗濯物の処理に関する知識及び技能。合格率は60〜70パーセントだ。

が多い。**だからいつ何をどのくらい仕入れるか、その判断がいちばん難しいの。日々お客さまの数も商品のニーズも変わるからね。それを読むのは経験しかないかな**」

松井くん「お仕事中、ありがとうございました」
戸田さん「あ、そのりんごください」
青果店「毎度ありがとう！　また来てね〜」

店内、バックヤード、店外で働く文房具店

文房具店に来た2人。

松井くん「こんにちは〜」

文房具店店長（以下、文房具店）「いらっしゃい。今日は何を探しに来たのかな？」

松井くん「こんにちは。今日はお店の見学に来たんです。仕事のことを教えていただけますか？」

文房具店「もちろんいいですよ。何でも聞いてね」

松井くん「店長さんは毎日、どんな仕事をしているのですか？」

文房具店「まず8時30分にお店に出勤したら、開店準備にとりかかります。商品に値札をつけて店頭に並べたり、店内にある商品を外に出したり、掃除をしたり。そのうち前日に注文した商品が届くから、金額を確認してお客さまに連絡する。9時に開店したら、お店に来るお客さまの対応。レジを打ったりもするよ。あと個人のお客さまだけじゃなくてこの付近のいろいろな会社や学校からも問い合わせが来るから、その見積もりを送ったり。それで午前中は過ぎてしまうかな」

戸田さん「午前中からやることが盛りだくさんですね！」

文房具店の仕事とは？

開店準備
・値札をつける
・掃除

開店
・お客さまの対応
・レジ打ち
・注文品の配達

いろいろあります

文房具店「お昼からは、会社や学校に注文分の配達に行ったり、足りないものはないですかと御用聞きに行きます。夕方からはうちのお店のホームページの更新作業。新商品の紹介文やセールのお知らせを書いたり。あとパソコンの画像加工ソフトやデザインソフトを使って、新商品のＰＯＰやチラシを作成したりもします」

松井くん「へえ〜。お店の中で接客している姿しか知りませんでした。いろいろな仕事をやっているんですね」

文房具店「みんなの目にはふれないけれど、さまざまな作業をしているんだよ」

戸田さん「一日の中で忙しい時間帯はいつですか？」

文房具店「12時から14時のお昼どきと、16時から19時の夕方から夜にかけてかな。近くに幼稚園や小学校・中学校・高校があるから、学校が終わると生徒さんたちがたくさん来るんだ。夜は会社帰りのサラリーマンやＯＬさんも多いよ」

イベントのある年末がもっとも忙しい

松井くん「一年の中でいちばん忙しい時期はいつですか？」

お店にいないときの仕事

配達　御用聞き　ホームページの更新 チラシづくり

ホワイトボードのペンをお願い

文具セール ペン30%OFF

文房具店「11月から12月がいちばん忙しいかな。イベントがたくさんあるから、文房具のニーズが高まる時期なんだよ。クリスマスカードや年賀状、それらをつくるためのスタンプ類や筆ペンがよく売れます。あとは子どもが文房具をそろえる**3、4月の新入学、進級時期**だね。ここ10年で売るものも変わりました。昔は事務用品がメーンだったけど、インターネット通販が流行ってからはあまり売れなくなった。最近は学用品のほかは、かわいい雑貨文具が人気。そういう商品を置くようになってからは、子どもと女性のお客さまが増えたね。あと、このあたりは外国人が多いから、紙風船などの昔のおもちゃをおみやげに買っていく人が多いね」

松井くん「お客さまと接するときに心がけている点はなんですか？」

文房具店「このお店に就職したとき、社長に『雇われ店長だけど、やる以上は自分が経営するお店だと思ってやりなさい』と言われたんだ。お客さまに接するときも、この言葉を思い出してやっています。お客さまから『この商品が欲しい』と言われても在庫がなかったとき、単に『ないです』と答えたら、そこでお客さまは帰ってしまって、関係は終わってしまうよね？　でも、『今はないですが、○日後にはご用意できますよ』と答えたらどうでしょう？」

文房具店の繁忙期

11〜12月
・クリスマスのためのカード
・年賀状のための筆ペン、スタンプ

3・4月
・進入学のためのノートやペンなど

戸田さん「そう言われたら、この店で買いたいと思います!」

文房具店「やっぱり商売は、お客さまに信頼してもらうことがいちばん大事。せっかくこの店に来てくれたんだから、お客さまの要望を叶えるためにできる限りのことはしてあげたい。そして、こういうことを重ねているとお客さまと仲良くなって、特に欲しいものがなくても店へ遊びに来てくれるようになる。すると仕入れをするときに『この新商品はあのお客さまが好きそうだな』とイメージできるようになって、そのお客さまが来たときに話すと、『こういうのが欲しかったんだよ』と買ってくれる。このくり返しで、お客さまから頼りにされるようになるんだ。それはとてもうれしいことだよね。お客さまの顔を想像しながら仕事をするのが楽しいよ」

松井くん「それはお客さまのほうでもうれしいですよね」

文房具店「そういえばきみ、こういうノート、好きじゃない?」

松井くん「あっ、こういうの欲しかったんですよ! これをください」

文房具店「毎度ありがとうございます(笑)」

戸田さん「なるほど。こういう感じなんですね(笑)。お仕事中、いろいろと教えてくださってありがとうございました」

文房具店「いえいえ。また来てくださいね!」

お客さまに信頼してもらえるように
頼りになるね!
任せてください!

Chapter3 開店中はどのように仕事をしているの?

働いている人に Interview! ④

青果店の店長

おいしくて栄養のある
旬(しゅん)の野菜や果物を仕入れ
地元のお客さまに販売(はんばい)する。

浅岡絵理香(あさおかえりか)さん
旬 八青果店(しゅんぱちせいかてん)
下目黒六丁目店(しもめぐろろくちょうめてん)

高校卒業後、ウエディングプランナーを経て、2014年5月アグリゲートに入社。小売グループマネージャー兼(けん)3つの旬八青果店の店長として働いている。

Interview!

青果店の店長ってどんな仕事？

仕入れた野菜や果物を店頭に見栄えよく並べたり、各商品の品名、値段、特徴がわかりやすいように値札をつける。お店に来たお客さまには元気に明るく接して、さりげなくおすすめの商品を紹介する。野菜切り、袋詰め、レジ打ち、棚卸し、ゴミ捨て、売り上げ金の集計なども行う。

3つのお店で店長を務める

　東京都内で10店舗の青果店を経営する会社で、小売グループマネージャー兼3つの店舗の店長を務めています。お店での主な仕事はまず売り場を整えること。お店に入荷してくる野菜や果物の品種や量は毎日違うので、何をどこに置くかを決めるのです。たとえば、「今日は寒いから鍋物に入れる野菜がたくさん売れそうだ」と思ったら、白菜などを店頭のいちばん目立つ場所に置いたりします。

　また、野菜を並べるときは、お客さまが思わず手に取ってみたくなるように美しく、見栄えよく置くことに気を配っています。たとえば、果物は柑橘系でまとめたり、サラダがつくれる材料でまとめたり。旬のものや産地直送のものを集めたコーナーもつくって、「ここに採れたて野菜や果物を置いていますよ」とアピールもします。お客さまが興味をもつ売り場をつくることが重要なのです。そのために、一日の中でも何度も配置を変えています。

　商品につける値札も、売れ行きを左右する重要な要素のひとつ。ひと目でわかるように、大きめの段ボールや紙に、「商品名」「値段」「産地」に加え、料理の仕方やトリビア的なネタ、お客さまが知りたいことやイラストなども書き加えています。こうすることで、よりお客さまに興味をもっていただけるんですよ。値札は、閉店間際や、賞味期限が近づいてきたものは値下げするなど、こまめに書き換えています。

　当社の場合、店頭に並ぶ野菜や果物の仕入れは専門のバイヤーという

職種が担当しています。毎朝青果市場に行ったり、直接契約している農家さんと連絡を取り合ったりして仕入れるのです。お店に足りないものや売りたいものは、前日にバイヤーへ発注をかけます。ただ、バイヤーは価格や鮮度などの理由で、必ずしも欲しいものを買いつけてくれるわけではありません。その日に安くていいものがあれば大量に仕入れるので、それを売りさばくためにまた店内の商品の配置を変えていきます。

接客がもっとも重要な仕事のひとつ

店頭でのもうひとつのメーンの仕事が接客・販売です。地域に根ざした町の八百屋さんなので、毎日うちに来るのを楽しみにしているお客さまも多いんですね。だから来てくれたお客さまにはフレンドリーに笑顔で温かく接するようにしています。

やっぱり接客の基本はあいさつです。まず「こんにちは、いらっしゃいませ」と元気に笑顔で語りかけます。そして「今日は○○県の産地直送の新鮮なキャベツが入っていますよ」「今はタイムセールでいちごがお買い得ですよ」と、その日のお買い得品、おすすめ品を提案します。

お客さまには笑顔で接します

Interview!

　また、「この食材ならこういう料理がお勧めです」と、料理の仕方もよく紹介しています。野菜の食べ方や料理の仕方を聞かれることも多いので、食材それぞれのいち押しの調理法を知っておくことが大事です。

　お客さまと接するときは、押しつけ気味ではなく、自然に軽い感じで語りかけ、興味をもってもらったらくわしく説明するようにしています。あまりしつこくしたり、強くお勧めすると、逆効果になりますからね。私自身、買い物中に店員さんにしつこく話しかけられるのが嫌なので、自分がされても不快に思わないようなやり方を心がけているんです。

　また、楽しそうに働くことも意識

青果店の店長のある1日

10時30分	出勤。お金をレジに入れて売り場をつくる。商品の袋詰め、野菜のカットなど。
11時	開店。売り場を整える。
11時30分	売り場完成。商品の補充、品出し。値札を書く。
14時	市場から商品が運ばれてくる。店頭に並べて値札をつける。接客、販売、レジ打ち。どの商品がいくら売れたかを数える。
20時	閉店。外に出しているものを店の中に入れる。売れ残ったものを冷蔵庫に入れる。
20時30分	店のシャッターを閉めて、レジを締め、売り上げを集計する。ゴミを集めて捨てる。洗い物。
21時	退店。

購買意欲をそそるように、キャッチコピーでアピール

しています。ニコニコと店の前を通る人に「こんにちは！」とあいさつしていると、いったんは店の前を通り過ぎても戻ってきてくれて、「笑顔にやられた」と店に入って来てくれる方もいるんです。こちらが楽しそうに働いていると、お客さまが集まってくるんですよ。会話だけではなく、あいさつや笑顔も大事だというのはそういうことです。多くの人に「あの店には明るくてフレンドリーな子がいる」と認識してもらえればいいかな、と思いながら働いています。それが来店するお客さまの増加につながりますし。

　ほかにも、野菜を切ったり、袋に詰めたり、レジを打ったり、何がどのくらい売れたかを確認する棚卸し、売り上げ金の集計などがあります。

　野菜で、四季折々、季節感をリアルタイムに感じられることがこの仕事の魅力。この仕事をしていなかったら旬のものがわからなかったし、旬のものがおいしいと感じることもなかったでしょうね。日々の自宅の食卓がより華やかになって、健康になったと思います。

　仕事のやりがいは、「これ、おいしいですよ」とお勧めして買っていただいたお客さまから、「ほんとうにおいしかった、ありがとう」とお礼を言われること。その後も「あなたの言うことなら信じるわ」とお勧

見栄えよく配置することが大切なんですよ

めするものをどんどん買っていただけるようになると、すごくうれしいですね。そうやって信頼関係を深めていくと仲良くなり、お土産をいただくこともあるんですよ。そういうとき、この仕事をやっていてよかったなと心底思いますね。

元気で人と接するのが好きな人が向いている

　この仕事に向いているのは、やはり接客がメーンなので、元気ハツラツで人と接することが好きな人。加えて、店内でのお客さまの動きを見て、積極的に勧めるものを決める洞察力や判断力。店頭の商品をきれいに目立つように並べられる細やかさ、同時にそれをテキパキとできるスピーディーさがあれば言うことなしですね。また、店は常時開けっ放しなので冬は寒く、夏は暑い。毎日野菜が詰め込まれた重い段ボール箱がたくさん届くので、それを運ぶ筋力や体力も必要です。

　読者のみなさんには、興味をもったことは向いていないのかもと思っても、親に反対されてもとにかくまずやってみてほしいですね。ダメだったらそのとき考えればいいんですから（笑）。

青果店の店長になるには

どんな学校に行けばいいの？
　特に決まったルートはない。一般的な中学・高校・大学を卒業後、個人営業の青果店か、複数の青果店を運営する会社か、大手スーパーマーケットなどに就職する。仕入れ、接客、販売など修業を積んだ後、独立して自分の店を構える人も。

どんなところで働くの？
　もっとも長く働いている場所は店頭。野菜や果物の陳列、野菜を切ったり加工したりも。接客は重要な仕事のひとつで、お客さまにレシピを教えたり、献立の相談に乗ったりすることも。仕入れのため市場に行ったり、契約している農場に行くこともある。

Chapter3　開店中はどのように仕事をしているの？

働いている人に Interview! ⑤
文房具店の店長

お客さまと接しながら
たくさんの文房具や雑貨の
陳列、販売、配達を行う。

青木一哉さん
文房具のながとや

大学卒業後、長門屋商店に入社。文房具の発送業務を2年経験後、ながとやの店員に。その1年後、店長に就任。現在は接客、配送、仕入れ、スタッフの管理などに従事。

Interview!

文房具店の店長ってどんな仕事？

店に来るお客さまへの文房具や事務用品、おもちゃなどの販売、自社や問屋からの商品の仕入れ、会社や学校などへの商品の配達や営業などを行う。人と接する仕事なのでうまくコミュニケーションをとれる力が必要とされる。店の裏ではパソコンで、新商品のPOPやお店のホームページの更新も行う。

商品の陳列、配達、お客さまへの対応を行う

麻布十番商店街にある「文房具のながとや」は、みなさんがいつも使っているえんぴつ、消しゴム、ボールペン、ノートなどの文房具や、会社で使っている事務用品などを主に販売している町の文房具屋さんです。ほかにも、小さな子どもが喜ぶおもちゃや外国人に人気の和風小物、定番のレターセット、ポストカード、季節に合わせたグリーティングカードや雑貨、梱包資材やラッピング用品なども取り扱っています。

文房具や事務用品を販売しているだけではなく、実は紙製品のオリジナル商品の開発・製造もしているんですよ。特に祝儀袋やカラーペーパーなどは、「ながとや」ブランドの商品として全国で販売されています。とにかく品ぞろえの豊富さがうちの自慢で、数千種類はあると思います。

そんなながとやで私は店長として働いています。ほかにスタッフは2名。店内にいるときの主な仕事は、商品の陳列、接客、販売などです。

ながとやはこの商店街で何十年も商売をしているので、昔ながらのお客さまが多いし、近くに学校や会社、大使館も多いので学生や会社員、外国人など老若男女、国籍問わずいろいろな方が来店します。求めているものも人によってさまざまなので、その人に応じた柔軟な接客を心がけています。たとえば、お客さまが欲しい商品がお店にない場合、単に「すみません、ないんです」と答えたらそこで終わり。お客さまもがっかりするし、ぼくらも信用と販売チャンスを逃してしまいます。だから常に問屋さんの倉庫にあるいろいろな商品の在庫を把握しておいて、

「今はないんですが、明後日ならご用意できますよ」などと答えられるようにしているんです。

　このように常にお客さまとコミュニケーションをとりながら、柔軟に対応することで、お客さまも増えるんです。やりとりの中で、今どのような商品が求められているのかがわかったりもします。お客さまに教わることは多いし、鍛えてももらえるので感謝しています。

　当然ですが、あらゆる商品は使う人を想定してつくられています。ですので、商品を仕入れるときは、この商品はこういうお客さまが喜ぶだろうなと、使うお客さまを具体的にイメージするように心がけています。

　ながとやには商品開発部があり、新商品の開発を行っています。月に一度開催される新商品開発会議にはぼくも出席して、アイデアや意見を発言します。そのときに大きな武器になるのが、店内で得たお客さまの声。そういう意味でもお客さまとのやりとりは大切なんですよ。

配達も重要な仕事

　商品の配達や御用聞きも重要な仕事のひとつ。近辺の会社や学校、お

たくさんの文房具用品が並ぶ、文房具のながとや

Interview!

寺などのお得意さまを回って、配達ついでに「足りないものはないですか?」と注文を取っています。このときもお得意さまとのコミュニケーションが重要。世間話からニーズを感じ取り、注文につなげるんです。

　この仕事の喜びややりがいは、やっぱりお客さまとの交流です。特に欲しいものがあるわけではないのにお店に来てくれるお客さまもたくさんいて、雑談で新商品を紹介(しょうかい)すると喜んで買ってくれることも多いんです。この店に来たら何かが見つかるかもとか、ぼくに相談すれば欲しいものが見つかるかもと思って、来てくれるのはすごくうれしいですね。

　ぼくはこの店で働き始めて10年

▶文房具店の店長のある1日◀

8時30分	出勤。清掃。店内の商品に値札をつけて店頭に並べる。前日発注した商品が届いていたら金額を確認してお客さまに連絡。
9時	開店。接客、販売。企業や学校から受けた見積もり依頼への対応。
13時	昼休み。昼食。
13時30分	企業や学校などお得意さまへ商品の配達、納品、注文をうかがう。
15時	パソコンで、新商品のPOPや名刺や伝票の版下データをつくったり、お店のホームページの更新をする。
19時	閉店。店外に出した商品を店内に入れる。売り上げの計算。
20時	退店。

豊富な種類のカード類を取りそろえています

Chapter3　開店中はどのように仕事をしているの?

ほどですが、その間たくさんのお客さまと出会いました。特に印象に残っているのが、ぼくがまだこのお店に入ったばかりのころに出会ったある小学生の男の子です。

　当時、消しゴムを買うとくじが引けて、当たりが出ると巨大な消しゴムがもらえるキャンペーンをやっていたのですが、その子はくじ目当てに毎日お店に来て消しゴムを買ってくれていました。どうしてそんなに毎日くじを引くんだろうと疑問に思って聞いてみると、もうすぐアメリカに引っ越すから思い出にどうしても巨大消しゴムを当てたいとのこと。でも毎日くじを引くのですが、どうしても当たりが出ません。その子の部屋にはふつうサイズの消しゴムだけがどんどん増えていきました。

　そして、いよいよ明日引っ越すという日がやってきました。その子はいつも通り消しゴムを買い、緊張の面持ちでくじを引きました。ぼくも祈るような気持ちで見守りました。そして引いたくじを開けてみるとなんと当たりが出たのです！　その瞬間、その子は「やったー！」と叫び、飛び上がって喜びました。ぼくもとてもうれしかった。実はもし外れてもこっそり巨大消しゴムをあげようと思っていたのですが、みごと最後の最後に当てたのです。あのときのあの子の笑顔は今でもはっきりと覚

お店のスタッフと連携して切り盛りします

えています。その子も今や大学生。アメリカで暮らしているのですが、夏休みなどで帰国してくるたびに店に来てくれるんです。他愛もない昔話をするだけでも楽しくて、こういうつながりをもてることがうれしい。長いあいだ同じ場所でお客さまと接する仕事ならではですね。

この先もお客さまに頼りにされる存在に

10年間、お客さまとコミュニケーションを積極的にとり続けていくことで、お客さまから頼りにされるようになってきました。今後もていねいな接客を続けて、お客さまにより信頼していただけるお店をつくりたいですね。

今、将来なりたい職業を決めるのもいいですが、この世の中にはほんとうにさまざまな仕事があります。それが年を重ねるごとに見えてきます。選択肢は多いほうがいいので、そのために、今からいろいろなものに興味をもって、この世の中にはどういう仕事をしている人たちがいるのかを調べるといいと思います。そうすることで、いちばん自分に合った、やりたい仕事が見つかるかもしれませんよ。

文房具店の店長になるには

どんな学校に行けばいいの？

特に決まったルートはない。一般的な中学・高校・大学を卒業後、文房具店の採用試験を受けて、入社する。大手文具メーカーが経営する文房具店の場合は、文具メーカーの採用試験を受ける。学生時代に文房具店や百貨店の文房具コーナーでアルバイトをしてひと通りの仕事を覚えておくと、就職に有利になる可能性があるかもしれない。

どんなところで働くの？

もっとも長時間仕事をしているのは店内。店頭で接客、販売を行うほか、バックヤードで在庫管理や注文の確認、ホームページの更新などたくさんの事務仕事も行っている。配達のため得意先の会社、学校などへ赴くこともよくある。

Chapter3　開店中はどのように仕事をしているの?

働いている人に

Interview! 6
クリーニング店のクリーニング師

お客さまを喜ばせるために
受けつけから洗い、シミ抜き、仕上げまで、
ていねい・迅速に行う。

池田一徳（いけだ かずのり）さん

クリーンヒルズハイクラウン
麻布十番店（あざぶ じゅうばんてん）

長野県でクリーニング店を営む家に生まれる。専門学校を卒業後、修業のため東京のクリーニング店に入店。3年目にクリーニング師の資格を取得し、その翌年長野に帰り、実家のクリーニング店で10年間ほど勤務。最新のクリーニング技術を身につけるべく、再び東京のクリーニング店に勤務中。

Interview!

クリーニング店のクリーニング師ってどんな仕事？

お客さまから洗濯物を受け取り、生地の種類、汚れの具合、シミや破れの有無を確認し、それに応じて水洗いかドライクリーニングかを選択。通常の洗いで落ちないシミはシミ抜き処理を行う。洗いが終わると乾燥させ、プレスやアイロンがけをていねいに行い、シワを伸ばし折り目をつけ、たたんで仕上げる。

クリーニングには3つの工程がある

これまで東京の麻布十番商店街にある「クリーンヒルズハイクラウン麻布十番店」と、長野の実家のクリーニング店で15年ほどクリーニング師として働いてきました。クリーニングの工程は主に3つに分かれます。ひとつ目はカウンターでの「受けつけ」。お客さまから衣類を預かると、どんな素材の生地か、どんな汚れがあるのか、破れはないかを確認して検分、仕分けをします。特に素材によって洗濯方法が変わるので、生地に関する知識は不可欠です。そのとき、お客さまから「ここのシミを落としてください」などのご要望があれば、お聞きしてその場で確認。どの程度まで落とせるかを予想して、追加料金がかかる可能性がある場合はそのことを伝えます。

つぎが「洗い」です。方法は水洗いとドライクリーニングの2種類。水洗いで洗うものは、家庭ではなかなか落とせない頑固な汚れがついたポロシャツ、Tシャツ、シャツ、Gパンなどですね。今のお店で使用しているのは家庭用水洗機。そのうちの1台は二槽式の水洗機です。洗いと脱水が別々にできるので、作業効率がいいのです。ただ洗剤はふつうの店では売っていない、業務用の強力なものを使っています。色移りを防ぐために、白い服と黒い服をいっしょに洗うなんてことはありません。水洗機を回す時間は平均して7～8分ほど。意外と短いと思う人もいるかもしれませんが、回す時間が長過ぎると一度繊維からはがれた汚れがまたついてしまうんです。これを逆汚染といいます。

すすぎも同じく7〜8分。その後、脱水しますが長くて2分、短いものは30秒くらい。あまり長く脱水にかけると、型崩れしたりシワがよってしまうからです。その後は店内に吊るして自然乾燥させます。お急ぎのものやデリケートな衣類の場合は、軽く乾かしてシワを伸ばすため、回さない乾燥機にかけます。

油汚れに強いドライクリーニング

　ドライ機で洗うものは、基本的に水では落とせない油汚れがついてしまったものや、縮んではいけない素材のもの。スーツやウールのセーターなどです。同じ素材や汚れのものを集めて、フッ素系の洗剤といっしょに専用のドライクリーニング機の中に入れて回します。ドライ機にはあらかじめ洗い方がいくつかプログラミングされているので、基本的には素材や汚れによってスイッチを選んで押すだけ。ただ、どれを選ぶかの判断には、知識や経験が必要になります。カシミヤやシルクなどのデリケートな素材の衣類はネットに入れて、ゆっくり優しく回るコースを選択。ドライクリーニングは油汚れを取るのが得意で、洗剤は液体です。

ドライクリーニング機に衣類を入れて、コースをセット

Interview!

洗剤液が衣類の上に落ちると、洗剤液が汚れを包んでその重さで汚れが下方に落ちていくんです。通常の水洗いやドライクリーニングで落とせないシミのある衣類はシミ抜き台でシミ抜きの処理を行います。シミには食べ物の油、ソース、醤油、血液、泥、汗などの種類があり、シミの種類に応じた薬剤があります。その薬剤を筆でシミ部分にピンポイントで塗着し、専用の機械で除去。なかなか除去しきれないシミは最後に漂白剤で目立たなくします。汚れの溶解力が強い薬剤だとプリントや色が落ちることもあるので、その兼ね合いも難しいですね。そのあたりは経験で覚えていくしかありません。素材

クリーニング店のクリーニング師のある1日

8時15分	出勤。掃除、機械のチェック、ボイラーに点火。
8時45分	前日に洗いまでが完了していたものの仕上げを開始。
9時	開店。受けつけ、洗い、シミ抜き、仕上げを交互に行う。
12時	昼食、休憩。店内でみんなで食べる。受けつけに出る人は早めに食べてカウンターに立つ。
13時	ひたすら洗いと仕上げ。
14時	近所のお得意さまの家に洗濯物の集配と配送。
15時	再び洗いと仕上げを行う。
17時	仕上げ終了。ほかの支店から来る洗濯物を選別して明日の朝からすぐ洗えるように準備する。
19時	閉店。今日の売り上げなどを日報に書いて本社へ送る。
19時30分	退店。

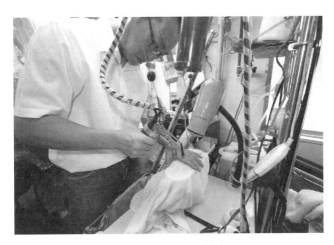

シミ抜きはていねいに、慎重に

Chapter3　開店中はどのように仕事をしているの？

によっても処理の仕方はかなり違います。たとえばシルクは、素材がデリケート過ぎてシミ抜きがすごく難しいんです。あまり強い薬剤を使うと色が抜けてしまうので、繊細な処理が必要とされます。

　洗いやシミ抜きが終わると、最後の工程である仕上げに入ります。プレス機やアイロンでシワを伸ばし、折り目を正しくきちんとつけます。アイロンには２本のコードがついており、片方はボイラーから蒸気が送られてきて、片方から水が抜けるようになっています。プレス機やアイロンから蒸気を出すのは、蒸気を衣類にかけることによって繊維の詰まりを広げるためです。そこを高温の鉄のアイロンで伸ばすと、シワが消えて、きれいになるわけです。プレスやアイロンがけが終わったら折り目正しく、きれいにたたんで袋に入れます。

　たたみ方は師匠に教わったことを意識しつつ、どうやったらきれいにしっかり、すばやくためるのか試行錯誤をくり返しました。今は１枚のシャツを仕上げるのにかかる時間は３、４分くらい、ズボンだと２分くらいでしょうか。ぼくはいろいろある工程のなかでこの仕上げがいちばん大事だと思っています。途中まできれいでも、最後の仕上げが美しくなければ台無しになりますからね。

アイロンがけをして、きれいにたたみます

Interview!

お客さまに喜んでいただくために

　洗いから仕上げまでお客さまに喜んでもらうことを意識しています。だから、お客さまから「きれいになりましたね」と喜んでもらえたとき、この仕事のやりがいをいちばん感じるんです。

　以前、ある女性のお客さまから、落とすのがとても難しいシミがついたブラウスを持ち込まれたことがありました。これだけのシミだと、もしかしたら落ちないかもしれないし、生地も古かったので破けてしまう可能性もあると思いました。それをお伝えして了承をいただいたうえで、強めのシミ抜き処理と漂白をした結果、シミをきれいに落とすことができたのです。お客さまにお渡ししたら、「思い出の大切なブラウスで、もう着られないかもとあきらめていたのですが、こんなにきれいに落としていただいてすごくうれしいです。ありがとうございました」と、とても喜んでいただきました。クリーニング師という仕事をやっていてよかったなと、ほんとうに思いました。

　もうすぐ実家のクリーニング店を継ぎますが、東京のお店で学んだことを活かして、地元に愛され頼りにされるようなお店にしたいですね。

クリーニング店のクリーニング師になるには

どんな学校に行けばいいの？
　クリーニング師になるには、一般的な学校やクリーニングの専門学校を卒業した後、多くの場合、クリーニング店で1年以上の実務経験を経たのち、各都道府県知事が毎年1回以上実施する国家資格「クリーニング師」試験に合格する必要がある。クリーニング業法により、クリーニング師は3年に一度、繊維やクリーニング、関係法令などに関する最新の知識を習得し、技術の研鑽を積むためのクリーニング師研修を受講することが義務づけられている。

どんなところで働くの？
　主にクリーニング店の作業場。洗濯物の集配や配達を行うことも。

Chapter3 開店中はどのように仕事をしているの?

働いている人に Interview! ⑦
Tシャツ屋さんの店長

オリジナルTシャツなどの
デザイン、制作、
新規事業の考案を行う。

伊藤康一さん
伊藤製作所

大学卒業後、プロボクサーに。引退後はさまざまなアルバイトを経験。30歳のとき、インターネット上で伊藤製作所を立ち上げ、オリジナルTシャツのデザイン、販売を開始。2008年に東京・谷中銀座商店街で実店舗をオープン。

Interview!

> ### ▶ Tシャツ屋さんの店長ってどんな仕事？ ◀
>
> 　Tシャツのデザインを考え、イラストや文字などをパソコン上で配置、清書、色塗りや微調整をしつつ仕上げていく。データが完成したらプリント業者に発注する。そのほか、経営方針の決定、新規事業の考案、ホームページの更新、売り上げの集計、店舗管理など業務は多岐にわたる。

オリジナルTシャツとはんこの制作、販売を行う

　東京の谷中銀座商店街で、オリジナルTシャツとはんこなどを制作・販売するお店を経営しています。まず始めたのはTシャツで、着ている人に突っ込まずにはいられないおもしろいデザインで人気となりました。そのTシャツのデザインは主にぼくが担当しています。

　まずはノートにおおまかなデザインと文言の案をたくさん描いていきます。そこから気に入ったものをスキャンしてパソコンに取り込み、イラスト制作ソフトで本格的に描いていきます。データが完成すると実際のサイズにプリントアウトして無地のTシャツの上に置いてみます。そうしないと実際のサイズ感がわからないからです。あらためてサイズを調整してイラストや文字の配置を決めたら、色や位置を細かく指定した注文書といっしょに業者へデータを送り、プリントしてもらいます。

　デザインで大事にしていることは、ブラックユーモアというか、ちょっとクセのあるとんがった感じやどこか笑えるようなイメージです。特に言葉は人に与えるインパクトが強いので、絵よりも重視しています。当社のTシャツはぼくの好みが強く反映されているので、着る人を選ぶTシャツだと割りきってつくっています。だからこそこのTシャツに共感し、笑って着てもらえたら何よりうれしい。流行はまったく意識していません。それよりも「自分が好きでおもしろいと思うこと」「お客さまの共感を得られるもの」「自分ができること」の3つの円が重なるところを狙っています。

Ｔシャツ屋さんの実店舗をオープンした翌年にはオリジナルのはんこ屋さんも始めました。尊敬する同業者に「伊藤くんの手がけているのはＴシャツ屋さんじゃなくてキャラクタービジネスだね」と言われたことがきっかけです。確かに当社のＴシャツはぼくが考えた猫とかパンダのイラストをあしらったものなので、ほかの商品にも転用できるんです。

はんこもＴシャツもパソコンでデータをつくるところまでは基本的に同じ。どちらも万人受けはめざさず、ぼくのデザインのおもしろさを気に入ってくれる人にだけ買ってもらえればいい、と思ったのがよかったのでしょう。

仕事はほかにも経営方針の決定、新規事業の考案、ホームページの更新などがあります。基本的に決まった作業はなく、新しいことを考えて実践するのが仕事なので、特に忙しい時期というのはないですね。

このビジネスで食べていけるようになった理由のひとつに、ビジネスで成功した人の本をたくさん読んだことがあります。もともと勉強することが好きなのですが、大人になってからの勉強は収入に直結するんです。本を読んだら書いてあることを実際に自分でもやってみることが大事。そうすれば確実にいい結果が出ます。それがとても楽しいんですよ。

店内には所狭しとおもしろＴシャツが並びます

Interview!

だから今の仕事はテレビゲームをしている感覚に近い。事業を成長させていくことと、子どものころのゲームで高得点をめざすことがほぼ同じなんです。

ぼくはお金を稼ぐためだけの仕事はできないので、仕事が楽しいと感じることはとても大事。Tシャツやはんこが売れて収入が増えていくことは、それだけぼくがつくったものが多くの人に認められているということ。しかも、買っていただいたお客さまは喜んでお礼まで言ってくれる。こんな幸せなことはないですよね。それが仕事の最大の喜びでもあります。だから今は自分でビジネスを始めてよかったなと心底思っています。

Tシャツ屋さんの店長のある1日

9時30分	お店に来て、のれんをかけて開店の準備。
10時	開店。当日の作業内容や連絡事項をスタッフで共有。店頭での接客をすることも。
10時30分	メールのチェック。注文の確認や問い合わせへの返信。
13時	スタッフと交代で休憩、昼食。
14時	Tシャツやはんこのアイデアをスタッフと打ち合わせ。データ作成やデザインの制作。ホームページの更新、改修。
17時	在庫を確認してプリント業者に発注をかける。売り上げの計算。
18時	閉店の準備。頃合いを見てのれんをしまう。当日の進捗状況の確認、明日の準備。
18時30分	閉店。お店を片付けて閉める。

スタッフと商品のレイアウトについて相談

20代の苦しい日々を乗り越えて

でも最初から順風満帆だったわけではありません。20代前半はボクシングの世界チャンピオンをめざしていたのですが、その夢が破れてから、やりたいことがわからずに苦しい日々を送っていました。そんなときにTシャツづくりで生計を立てている人に出会って、30歳のときにインターネット上でTシャツ屋さんを開業したんです。3年以内にTシャツで食べていけるようになることを目標としました。できなければ33歳でニートになってしまい、好き・嫌いにかかわらず食べていくために働かざるをえない状況に追い込まれるからです。ぼくにとって好きなことを仕事にできないことは、精神的な死と同義。それは肉体的な死よりも恐いことなんです。だから「3年以内に食べていけなかったらぼくは死んでしまう」と自分に言い聞かせ、Tシャツづくりに集中するためにアルバイトを全部辞めて実家に帰郷。命懸けでがんばりました。

そのかいあって少しずつTシャツが売れ始め、翌年には食べていけるほど稼げるようになり貯金もたまったので、再び東京に出て実店舗を開いたのです。夢を叶えるためには必要なこと以外はすべて捨て去り、が

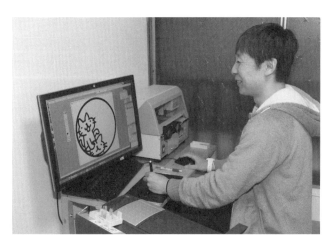

こんな感じでデザインを考えるんですよ

むしゃらに努力することの大切さを身をもって学びました。

谷中銀座商店街で商売をすることのメリット

　ここにお店を出したのは、谷中でお店をやっている遠い知り合いの方から、「いいところだよ」と言ってもらったからでした。下町情緒あふれる地域としてだんだんと注目を集めていましたが、昔ながらの商店だけでなく、若い人たちも続々とお店をはじめていたので、この谷中に開店するのもいいかもと思ったんです。最初はこの商店街のすぐ近くにお店を開いたのですが、お客さまがなかなか通らず大変でした。お店の家賃より売り上げが少ない時もありました。それで「このままではつぶれてしまう」と、思い切って谷中銀座商店街へ移転しました。

　結果としてとてもいい場所で、ぼくのデザインするTシャツに興味をもってくれる、街歩きで谷中を訪れるお客さまが、お店の前をたくさん通るので大正解でした。また、歴史のある商店街ですが、よそから来た新参者のぼくでも、振興組合の人たちがあたたかく受け入れてくれたのがうれしかったです。今後もこの商店街で商売を続けていきたいですね。

Tシャツ屋さんの店長になるには

どんな学校に行けばいいの？
　特に決まったルートはない。一般的な中学・高校・大学を卒業後、衣料品店の採用試験を受け、入社する。伊藤さんのように最初は個人で実店舗をもたずインターネット上のみで販売、その後ビジネスが軌道に乗ったら商店街などに実店舗をもつ個人事業主も多い。

どんなところで働くの？
　もっとも長い時間仕事をしているのは店舗や事務所。店舗では接客や従業員の指導を行ったり、事務所ではデザインを考案、パソコンで基のデータを作成したりしている。

▶ 商店街にまつわるこんな話4

商店街の業種別店舗

　商店街にはどんなお店が多いのだろう。商店街の定番といえばお肉屋さん、魚屋さん、八百屋さんといったところかな。みんなもお母さんのおつかいでよく行くと思う。おつかいじゃなくてもお肉屋さんのコロッケを食べながら商店街をぶらぶらするのって楽しいよね。

　全国の商店街における業種別の店舗数は、「飲食店（30.0パーセント）」、「衣料品、身の回り品店など（22.9パーセント）」、「最寄り品小売店（16.4パーセント）」「その他（15.9パーセント）」「サービス店（13.7パーセント）」「百貨店、大型ディスカウント店（1.2パーセント）」の順に多くなっている。魚屋さんや八百屋さんは「最寄り品小売店」に入っていて、意外と多くない。

　人口規模別で見ると、規模が小さくなるに従って「最寄り品小売店」の割合が多くなり、「飲食店」の割合が少なくなっている。

　来るお客さまや売っている商品別で分けた商店街タイプ別では、「近隣型商店街」から「超広域型商店街」になるに従って、「最寄り品小売店」と「サービス店」の割合が少なくなり、「飲食店」の割合が多くなっている。やはり「超広域型商店街」は、観光地として栄えている商店街だから、飲食店が多くなるんだね。

　では、どういうお店が増えて、どういうお店が減っているのだろう。

　最近3年間でいちばん増えているのは「飲食店」。以降は「サービス店」、「最寄り品小売店」の順に多くなっている。「衣料品、身の回り品店」は意外に増えていなくて、逆に減った業種のトップになっている。

商店街タイプ別で見ると、「最寄り品小売店」は「広域型商店街」以外で減っており、「衣料品、身の回り品店等」は「超広域型商店街」以外で減っている。やはり大型スーパーマーケットやショッピングセンター、大型格安衣料量販店（りょうはんてん）の出現で、日用品や食料品などの最寄り品や衣料品などはそちらで買う人が増えているということなのだろうか。

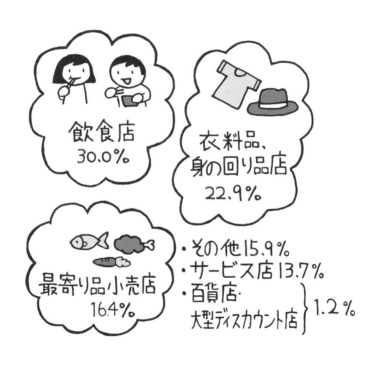

▶ 商店街にまつわるこんな話5

仮設商店街「たろちゃんハウス」

　みんなも2011年3月11日に発生した東日本大震災のことはまだよく覚えていると思う。東北の太平洋沿岸一体に甚大な被害をもたらし、5年以上経過した現在でも、たくさんの人びとが仮設住宅で暮らしている。

　避難所では支援物資がもらえたけど、仮設住宅に入ると自治体やボランティア団体からの食料の供給はストップするため、自力で生活物資を得なければならない。しかし住宅だけではなく商店も流され、商店街そのものが消滅してしまった町も少なくない。復興が進んでも仮設住宅が建てられた場所の近くには買い物ができる商店がなく、特にお年寄りにとっては買い物ができないことで日常生活を送ることすら困難な状況となったんだ。

　岩手県宮古市の田老地区にある「グリーンピア三陸みやこ」に県内最大規模の仮設住宅が建てられたが、そこで暮らす407世帯の人びとを買い物難民にしないため、2011年9月25日に地元で商売をしていた有志たちが仮設商店街を立ち上げた。それが「たろちゃんハウス」。運営するのはたろちゃん協同組合。理事長以下、各商店主たちはみずからも被災して仮設住宅に暮らしていた。

　震災から1カ月も経っていない4月7日には、早くも最初の会合が開かれている。それほど早く会合を開くことができたのは、その前身として震災前に国道45号線沿いの商店で運営していた「たろうスタンプ会」の存在があったからだ。その会の会員39店のうち37店が津波によって全壊・流出となり、各商店主たちは避難所で生活しつつ、今後について相談していた。そんなとき、宮古商工会議所から「仮設の店舗として営業する方法がある」と逆提案を受け

たのだ。ただし、震災による混乱や資材不足ですぐに建物を建てることはできなかったので、仮設住宅の入居日にテント営業をスタートしようと毎週会合を重ねた。その結果、17店舗が仮設テント商店街「たろちゃんテント」で生鮮食品、日用品、お酒などの販売を始めることができた。

　2011年7月末にはプレハブの建設も始まり、2011年9月25日に仮設商店街「たろちゃんハウス」がオープン。A棟からC棟まで2階建ての3つの棟に、食料品や日用品を販売する店や食堂、理容室・美容室など22店舗が入居し、不便な仮設住宅で暮らす人たちの生活を支えてきた。

　さらに、たろちゃんハウスは単なる買い物をする場ではなく、仮設住宅に暮らす人たちの憩いの場にもなっていた。商店組合が通常の商店街のように夏には盆踊りを開催し、飲食屋台を出したところ、仮設住宅に暮らす大勢の人たちに喜ばれた。

　その後、仮設住宅の住人の減少とともに、別の場所にお店を建てて移設する商店も増え、現在は半分の10店舗ほどしか残っていない。しかし、仮設住宅がなくなるその日まで、たろちゃんハウスは仮設住宅に暮らす人びとを支え続けるだろう。

　何も立派なアーケードやきらびやかなお店がひしめく場所だけが商店街ではない。プレハブ造りでも、困っている人たちの生活を支え、心の拠り所となっているまさに地域密着型の商店街もあるのだ。

▶独自の取り組みで活性化に成功した商店街1

アニメで商店街活性化

　54ページのコラムでも話したけど、近年の商店街を取り巻く環境は、ショッピングセンターなどの大型商業施設の進出や自宅にいながらにして欲しいものが買えるインターネットショッピングサイトの台頭、少子化による人口減少などの構造的な原因で、年々状況は厳しくなっている。

　そんな中でも商店街で商売をしている経営者が寄り集まって知恵を絞り、行政やNPO、企業、大学などと連携したユニークな取り組みで知名度アップや集客、売り上げ増に成功した商店街も少なからずある。

　みんなのなかにもアニメやマンガが好きな人は多いと思うけど、それらのいわゆるサブカルチャーを利用して活性化に成功したのが、徳島県徳島市の東新町1丁目商店街・ポッポ街商店街だ。東新町1丁目商店街は、かつては商店街に隣接するデパートと商店街の中にあった大型スーパーマーケットを結ぶアーケードとして、県下一のにぎわいを見せていた。しかし時代とともにデパートは老朽化し撤退、大型スーパーも商店街から姿を消した。

　ポッポ街商店街は駅に隣接した全長160メートルの歩行者だけが通れる商店街で、飲食、衣料、雑貨、アクセサリーなどの個性的なお店が立ち並んでいる。しかし近年は後継者の不在などでシャッターをおろしたままの店舗も目立つようになってきた。

　しかし、2009年に開催された「マチ★アソビ」というアニメイベントが、商店街復活の起爆剤となった。「マチ★アソビ」は、徳島県出身のアニメプロデューサーである近藤光氏が阿波踊りアニメポスターの製作を徳島市観光協会へ提案したことが契機として始

まったイベントだ。県、商工会議所、商店街、ボランティア学生など多様な人が徳島市を盛り上げるため、官民の垣根を越えて参加。毎年、春と秋に全国からアニメ制作会社やグッズの販売店などが集まり、市の中心部に約50のブースを開設。年々来場者数はうなぎのぼりで、近年では延べ約7万人の来場者でにぎわった。

　東新町1丁目商店街とポッポ街商店街はこのイベントに着目。東新町1丁目商店街ではアーケードにレッドカーペットを敷き、アニメのキャラクターになりきったコスプレイヤーがウオーキングするコスプレファッションショー、オールナイトでの映画上映会、トークショーを開催。ポッポ街商店街では展示会やサイン会などを開催した。また、両商店街ではご当地キャラを集めたイベントを開催したり、空き店舗を活用した企画を実施して、イベント当日だけではなく、年間を通してさまざまな独自のイベントを行い、集客に努めている。

　商店街のこれらの努力によってさらに全国からたくさんの人が集まるようになった。人が集まるところは商売も活性化する。商店街のある飲食店では、通常時の5倍から7倍、商店街全体としても平日の5倍、300パーセントの売り上げアップを記録したという。

　アニメ好きな人は一度行ってみてはどうだろう。

Chapter 4

営業時間外にも いろいろな 仕事があるんだ

Chapter4 　営業時間外にもいろいろな仕事があるんだ

開店前、閉店後、営業時間外の仕事を

商店街のお店で働く人たちの仕事は、開店中だけではない。
お店のシャッターが閉まっているあいだもさまざまな仕事をしている。

　商店街のお店で働く人たちは、お店がオープンしている時間だけ働いているわけではない。お店のシャッターが閉まっているあいだも、働いている人はたくさんいる。開店前、閉店後にはどんな仕事があるのだろう。中学生の松井くんと戸田さんは、それを調べるために、またうさぎ谷商店街を訪れた。

　　　　　　＊　＊　＊

独特な競り方法で花を仕入れるお花屋さん

うさぎ谷理事長「商店街にあるいろいろなお店は、開いているときだけじゃなくて閉まっているときでも、経営者や店員さんは働いているんだよ」

松井くん「えっ、どういうことなんですか？」
うさぎ谷理事長「じゃあ、実際に聞きに行ってみよう」
花屋さんへ向かった３人。
うさぎ谷理事長「こんにちは。ちょっと仕事の話を聞かせてもらいたいんだけど、今いいかな？」

花屋さんの店長（以下、花屋さん）「いいですよ」
戸田さん「ありがとうございます。お花屋さんはお店が閉まっているときでも、お仕事をしているんですか？」
花屋さん「そうだよ。うちは**お店を開けるのが10時なんだけど、その前に毎朝、市場に行って花を仕入れている**んだ」
松井くん「市場には何時から行ってるんですか？」
花屋さん「市場には７時くらいには着いているから、毎朝５時には起きているね」
松井くん「早起きですね！ つらくないんですか？」
花屋さん「ははは。もう慣れたよ（笑）」
戸田さん「市場では実際にどのようにお花を仕入れるんですか？」
花屋さん「大きく分けて、花の仕入れには２通りある。ぼくの通っている市場は、切り花が競りに出るのが月、水、金曜日、鉢物が出る日が日、

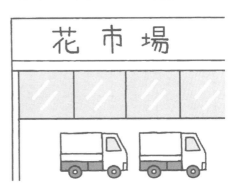

Chapter4 営業時間外にもいろいろな仕事があるんだ

営業時間外の仕事をイラストで見てみよう

鮮魚店の魚市場での仕入れ

花屋さんの生花市場での仕入れ

競り

仲卸店

火、木、土曜日。また、仕入れの方法にも2通りある。**ひとつは『競り』。自分の目で見て選んだ花を、狙った値段で競り落とす方法。**競りって聞くとどういう感じのものを想像する？」

松井くん「お花が出ると買いたい人がつぎつぎと値段をつけて、いちばん高い値段をつけた人が競り落とすという、オークションみたいな感じではないんですか？」

花屋さん「花の競りの場合はその逆なんだ。市場の人が台の上に花を出すと、品種、産地、数、値段が電光掲示板とコンピュータの画面上に表示されて、競りが始まると、その値段がどんどん下がっていって、自分が買いたいところで購入のボタンを押すんだ。たとえば競りのお兄さんが赤いバラ50本入り10箱を『1箱500円からスタートします』と言って競り台の上に出した瞬間から値段の目盛りが下がっていく。300円になったときに、誰かが購入ボタンを押すと一瞬ピタッと止まり、待ってますよという意味の『マリ中』という表示が出る。最初に押した人が2箱買うと、残りは8箱。競りのお兄さんが「ほかに誰か買いたい人はいますか？」と言ったときに誰かが押すと、また1個減る。しばらく待って誰もいないとまた500円から始まる。200円になったときに誰かが5箱押す。すると残りはあと3箱。そこで買いたい人が誰もいないとまた

商店街の最近の取り組みの傾向

駐車した自動車や自転車の破壊・盗難、一般人を狙ったひったくり、麻薬の密売といった路上での犯罪を防ぐため、街路に監視カメラを設置する商店街が増えている。

インターネットを積極的に活用する動きもある。インターネット上に商店街のホームページを開設し、商店街の歴史や商店街で商売を営む数々のお店の紹介、店主インタビュー、イベントやお得な情報などを告知することで、一人でも多くの人にその商店街に興味をもってもらい、足を運んでもらおうという商店街や店舗も増加中。また、商店街振興組合の中だけではなく、行政や大学と連携して、さまざまな取り組みを行い、集客や売り上げ増に成功した商店街もある。

※くわしくは102、146、148、150ページのコラム参照。

500円から始まる。最後は100円になったときに別の人が3箱全部買って終了」

戸田さん「へー。同じ花なのに買う人によって値段が違うんですね」

花屋さん「その通り！ まったく同じ産地の同じ数の同じ品質の花を300円で買える人と100円で買える人が出てくる。3倍って結構大きいよね。だからできるだけ安く仕入れようとするわけだけど、その日にど

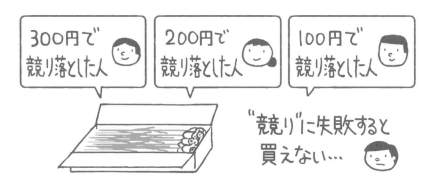

の花がどのくらい競りに出されるかがわからないから、結構難しいんだ。さらにお客さまから花の注文が入っていると、高くても絶対に買わなきゃならないから、早めに購入ボタンを押さざるをえない。でも、そんなときに限って、競りの終了間際にその花がたくさん出てきて、すごく安くなるんだよね（苦笑）。運よく安く買えたとしても競りの場合は箱買いだから、お店に出しても売れ残るリスクが高い。だからそこは賭け。朝早くから高度な駆け引きをしなきゃいけないんだ」

松井くん「競りでは１箱単位でしか買えないんですか？」

花屋さん「そうなんだよ。だから最低でも30本から、多いと一度に200本買うことになる。一本あたりの値段は安くなるけど、売れ残ってしまうリスクがあるのが競りなんだ」

戸田さん「もうひとつの仕入れ方法ってなんですか？」

花屋さん「市場内には、競りで買った花を花屋さん向けに売っている『仲卸店』がたくさん並んでいるんだ。いわば市場の中にある花屋さんのための花屋さん。**この仲卸店から買うのがもうひとつの仕入れ方法。**10本単位と少ない本数で購入できるから売れ残る心配は減るけど、競りよりも一本あたりの価格は高くなる。一長一短だね」

松井くん「花の仕入れって難しいんですね」

もうひとつの仕入れ方法は、仲卸店から購入

少ない本数で買えるけれどちょっと高い…

仲卸フラワー店

10本単位です！

花屋さん「そうなんだよ。この仕入れが花屋さんの商売の要で、同時にいちばん難しい作業でもある。日々、どんなお客さまが来るかまったくわからないので、どの花をどのくらい仕入れるかはとても難しいんだ。花は生ものだからなるべく早く売りたいしね」

戸田さん「仕入れは何時まで行うのですか？」

花屋さん「だいたい10時くらいまでは市場にいるから、3時間くらいかな。年末は12時までやるときもあるよ。それから**買った花をトラックに積み込んで、店に帰って店頭に並べる**んだ」

松井くん「お店の開店前でもすごく働いているんですね」

花屋さん「開店前に働いているのはうちだけじゃないよ。向かいのパン屋さんも、閉店中でもたくさん働いているから行ってごらん」

松井くん「そうなんですね。ありがとうございました」

戸田さん「あのパン屋さんのパンはおいしいからよく買いに行くんです。楽しみ」

営業時間外もひたすら働くパン屋さん

今度は、パン屋さんへやって来た3人。

購入した花を運んで、お店に並べる

戸田さん「こんにちは」

パン屋さんの職人（以下、パン屋さん）「あら、いらっしゃい。いつもパンを買いにきてくれてありがとう。今日はどうしたの？」

うさぎ谷理事長「この子たちに、お店を開けていないときの仕事のことについて教えてもらっていいかな？」

パン屋さん「いいですよ。うちの営業時間は10時から14時、15時から19時。月曜と第2、4火曜が定休日なんですが、営業時間以外も結構仕事をしています」

戸田さん「どんな仕事をしているのですか？」

パン屋さん「**いちばん多いのはパンをつくることです。焼きたてのパンを出したいので、お店には朝8時ごろに来てひたすらパンを焼いたり、生地の成形をしています。**いっしょに店を経営している夫は6時に来て14時にいったん閉店するんですが、15時までまたひたすらパンを焼いています」

松井くん「休憩しているのかと思っていました」

パン屋さん「当初はそうしようと思っていたんだけど、14時であらかたパンが売り切れるので、15時の再オープン時に商品をそろえるというスタイルが確立しました。だから休憩タイムだったはずの時間がいち

開店前から閉店後まで、常にパンを焼くことが仕事

ばん忙しい時間帯になったんです(笑)」
戸田さん「19時で閉店してからも仕事をしているんですか?」
パン屋さん「はい。21時まで生地をつくったり、具材をつくったりしています。カレーパンの具のカレーなどをつくるときは夜中の3時までやっていますよ」
松井くん「えー! そんなに遅くまでやるんですか!」
パン屋さん「一度に大量につくるので、仕込みにすごく時間のかかるものはどうしてもそうなってしまいますね」
戸田さん「休みの日はどうしてるんですか?」
パン屋さん「半日ほどは店に来て仕込みをしています。あとは**経理関係の仕事も。材料を買ったときの領収書や請求書を管理してノートに貼ったり、パソコンに売り上げと経費を入力したり、銀行に取引先への支払いをしに行ったり**」
松井くん「じゃあ丸一日休むという日はあんまりないんですか?」
パン屋さん「月に数回くらいですかね」
戸田さん「大変ですね。つらくなることはないんですか?」
パン屋さん「パンづくりは好きな仕事だし、自分たちでお店を切り盛りしていくのはやりがいのあることだから、苦にはならないですよ」

Chapter4　営業時間外にもいろいろな仕事があるんだ

戸田さん「ますますこのお店のファンになりました！」
うさぎ谷理事長「つぎは鮮魚店へ行ってみよう」

早朝から市場へ魚を仕入れに行く鮮魚店

鮮魚店の店長（以下、鮮魚店）「いらっしゃい！」
松井くん「さすが魚屋さん、威勢がいいですね」
鮮魚店「今日はお母さんのおつかいかな？」
うさぎ谷理事長「いや、この２人は地元の中学生なんだけど、鮮魚店の仕事について教えてあげてほしいんだ」
鮮魚店「お安いご用ですよ！　で、どんなことを聞きたいんだい？」
戸田さん「お店のシャッターが閉まっているときに、どんな仕事をしているのかを教えてほしいんです」
鮮魚店「開店前にすることといえば仕入れだね。魚の質がよくなければ売れないし、お客さまに喜んでもらえないから、仕入れは鮮魚店の命なんだ」
松井くん「市場には何時ごろに行くんですか？」
鮮魚店「だいたい毎朝４時くらいに起きて魚市場に向かう。到着すると

> **コラム　日本一長い商店街**
>
> 　関西には、長いアーケードが縦横無尽に走っている商店街が数多く存在するが、なかでも日本一長い商店街が大阪市北区にある天神橋筋商店街だ。その距離南北2.6キロメートル。そもそもこの地は400年前に形成された寺町で、周辺には古くから民衆に親しまれた寺社が多く、大阪北部の防衛を意識して配置された町だった。江戸時代に日本の物流で主要な役割を果たした天満青物市場を中心として発達。古称・別称は十丁目筋商店街で、現在も地元では十丁目と通称される。現在は１丁目から７丁目までの商店街の中に、600店舗ものさまざまな店が営業している。激安で個性的な店がたくさんあり、年間を通して伊賀上野NINJAフェスタや天神天満花娘コンテストなど、ユニークなイベントも多数催され、市内外からたくさんの人びとが訪れてにぎわっている。

仲買人のお店をひと通り見て回って、めぼしい魚を仕入れるんだ。だいたい買う店は決まっているね」
戸田さん「新鮮でおいしい魚の見分け方のポイントってありますか？」
鮮魚店「基本的に今は冷蔵、製氷、保冷、配送、資材、パッキングなどの技術の進歩でどの魚も状態はいいんだよ。それを踏まえて言うと、**まず背中がこんもり盛り上がっている魚は脂が乗っている証拠。肛門がキ**

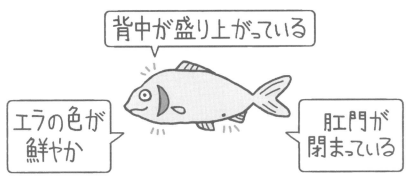

ュッと閉まっている魚はより新鮮だ。エラが色鮮やかな赤色の魚は同じくより鮮度が高いんだ」

戸田さん「母に伝えておきます！　魚市場にはたくさんの種類の魚があると思うのですが、**魚に関する知識や目利きの力を身につける**のも大変ですよね」

鮮魚店「確かに魚の知識は必要だけど、やっていくうちに自然と身についてくるものだよ。目利きに関してはやっぱりいちばん大事なのは経験かな。若いころは大失敗したこともあるよ。よく知らない店で安いからって買っちゃったんだけど、あまり質がよくなかったとか、欲しい魚と違っていたとかで安物買いの銭失いになったこともあった。そういう失敗をくり返して、目利きができるようになっていったんだ」

松井くん「魚市場にはどのくらいの時間、いるんですか？」

鮮魚店「２時間ほどかな。ぼくが通っている市場は広いから、そのくらいの時間はかかるんだ」

松井くん「毎日仕入れる量は？」

鮮魚店「日によって違うけど、だいたい30キログラムくらいかな。**店に着いたら、冷蔵庫やショーケースの電源を入れて、まな板を消毒、漂白する。ショーケースが冷えてきたら、冷凍モノを並べたりして開店準**

備を行うんだよ」
戸田さん「閉店後にする仕事は？」
鮮魚店「売れ残ったものは冷蔵庫、冷凍庫に入れ、ダメなものは廃棄する。あとは店の掃除や売り上げ計算とかかな」
松井くん「ありがとうございました」

仕入れは大変だけどわくわくする雑貨屋さん

うさぎ谷理事長「じゃあ、つぎは雑貨屋さんに行ってみよう」
戸田さん「こんにちは」
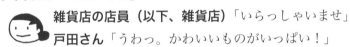
雑貨店の店員（以下、雑貨店）「いらっしゃいませ」
戸田さん「うわっ。かわいいものがいっぱい！」
雑貨店「うちは女子中高生たちもたくさん来るんですよ」
松井くん「お店の営業時間は何時から何時までなんですか？」
雑貨店「14時から22時30分までよ」
戸田さん「お店の営業時間外でも仕事をしているのですか？」
雑貨店「もちろんですよ。商品の仕入れは営業時間内ではできないですからね」

松井くん「仕入れはどういうふうにしているのですか?」

雑貨店「国内の洋服や雑貨の問屋さんや、海外ではアジア方面の国の問屋さんをめぐって、商品を買いつけています」

戸田さん「どのくらいの量を買いつけるのですか?」

雑貨店「海外だと何日間かその国に滞在(たいざい)して、何軒(けん)もの問屋さんをスーツケースを引きずりながらめぐって、数百点の洋服や雑貨をひたすら見ます。いいなと思った商品は、店主と交渉(こうしょう)しながらどんどん買いつけていくんです。一日中、じっくりと問屋をめぐって、最終日あたりになると、スーツケースは商品でいっぱい。それをいくつもかかえながら帰国することになるんですよ(笑)」

松井くん「すごい! とても大変ですね」

雑貨店「数百個ものたくさんの商品を、何日もかけて重いスーツケースを引きずりながら見て歩くのはきついですし、すごく疲(つか)れます。でも、膨大(ぼうだい)な数の商品を見るのはそれだけで楽しいですし、いろいろな新しいかわいいものに出合えるので、とてもわくわくするんです。そしてお店は、その私が感じたわくわくを発表する場になる。だから買いつけがいちばん好きな仕事で、好きだからこそどんなに体力的につらくてもできるんですよ」

戸田さん「**商品を買いつけるときのポイントは**なんですか？」
雑貨店「ずばり、**自分のセンス**ですね。私のお店の雰囲気にぴったりで、私自身がかわいいと思うことが大前提です。大量生産ではなく、個人のデザイナーがハンドメイドでつくった、かわいくてちょっと変わった一点ものを狙っています」
松井くん「でもそんな大量の商品は、飛行機では持って帰れないですよね？　お店まで配送するんですか？」
雑貨店「いえいえ、買いつけた商品は無理矢理にでも自分の手で持って帰ります。発送すると経費が余計にかかるし、何かのミスで届かなかったら恐いし。自分で持って帰るのがいちばん確実なんですよ」
戸田さん「ほんとうに好きじゃないとできないですよね。買いつけをほかの人、たとえば現地のバイヤーさんに頼むことはしないのですか？」
雑貨店「確かにバイヤーに頼む人もいるけど、私は自分の目で直接見てかわいいと思った洋服や雑貨を仕入れてお客さまに提供したいという思いが強いので、全部自分でやっているんです」
戸田さん「このお店は雑貨屋さんの思いやこだわりがいっぱい詰まった店なんですね。このかわいいアクセサリーをください」
雑貨店「お買い上げありがとうございます！　また来てね」

Chapter4 営業時間外にもいろいろな仕事があるんだ

働いている人に Interview! ⑧

鮮魚店の店長

早朝から市場をめぐり
新鮮でおいしい魚を仕入れ
お客さまに提供する。

大野隆也さん
旬

高校卒業後、上京して2年半ほど鮮魚店でアルバイトを経験した後、1990年、野方商店街に3人の仲間とともに鮮魚店「旬」を開店。2009年から一人で仕入れ、仕込み、接客、販売のすべての業務をこなす。

Interview!

鮮魚店の店長ってどんな仕事？

地域住民においしい魚を提供するために、毎日早朝に起床し、市場に行って魚を仕入れる。店に帰ってきてからは、仕入れた魚をさばいたり、加工したりする仕込みや、来店したお客さまの接客・販売を行う。お客さまから必要な魚を聞き出したり、おいしい魚を勧めたりするため、コミュニケーション能力は必須。

鮮魚店は仕入れが命

野方商店街で「旬」という鮮魚店を営んで25年になります。鮮魚店の仕事は仕入れが命。魚の品質がよくなければ売れないし、お客さまにも喜んでもらえないからです。仕入れには、お客さまからの注文や、この時期にこの港の魚は絶対に欲しい、というものがあるので、あらかじめ買いたい魚を決めます。

市場には電車を使って朝の5時30分くらいに到着。まずは場内をぐるっと一周して、今日はどんな魚が入っているのかを確認します。魚をチェックするポイントは3つ。ひとつは背中。こんもり盛り上がっている魚は脂が乗っている証拠です。2つ目は肛門。キュッと閉まっている魚はより新鮮。3つ目はエラ。色鮮やかな赤色の魚はより鮮度が高い。目がくすんでいる魚は鮮度が悪いとよく言われますが、目は氷で変わりやすいのであまり参考にはなりません。買い物に行くお母さんに教えてあげたり、自分が買うときの参考にしてください。

市場での仕入れ時間は2時間ほど。あっという間にそのくらいは経ってしまうんです。毎日仕入れる量は5キロ箱で6、7箱くらい。イワシやアジなどその日に売り切る足の早い魚もあるし、マグロなど店の冷凍庫に保管して、ある程度時間をかけて売るものもあります。

うちの店の場合は生ものより冷凍もののほうが主力。天候不良や不漁などで欲しい生魚がそろわないことのほうが多いんです。購入した魚は運送屋さんが届けてくれるので、車で行く必要はなく、電車で、行きも

帰りも手ぶらでOKなんです。

お客さまにうそをつきたくない

　うちのお店で特にこだわっている魚はマグロです。市場でかなりいいものを選んで仕入れています。いいマグロは見ただけでわかるんですよ。まな板に載せて断面を見たとき、赤身と脂のコントラストがみごとなものが上質なマグロなんです。値の張るマグロを仕入れるときは、見るだけではなくて試食もします。自分で食べてまずいものは売れません。やっぱり自分がおいしいと思ったもののほうが売りやすいんですよ。お客さまにうそはつきたくないですから。

　それだけに他店やスーパーマーケットで売っているマグロより値段は高いですが、食べたら断然うちのマグロのほうがおいしい。それがわかっているお客さまは、お正月用のマグロは必ずうちで買うんです。なかにはわざわざ電車に乗って、遠くから買いに来るお客さまもいるんですよ。ちょっとがんばってお金を出せば、すごくおいしいマグロが食べられるのなら、買ってくれるお客さまはいる。そう思って商売を続けてき

お客さまの要望でさくをお造りにします

Interview!

ましたが、やっぱりその通りになりましたね。

　仕入れた魚が市場から届くと、店で仕込みをします。ブロックで買った魚を切り身や刺し身にしたり、アサリやシジミを選別して洗ったり。そしてパッキングして値つけをした後、店頭に並べます。タイやイサキなどのウロコが厚くてびっしりついている魚は、大変なんですよ。この仕込みが完了するまでが、一日の中でいちばん忙しい時間です。食事も取らずに、いっときも休まず、ひたすら仕事に集中しています。魚の切り身や刺し身は、厚く、大きく切るように仕込みでは心がけています。それがうちの売りなんです。また、

鮮魚店の店長のある1日

4時20分	起床。
5時30分	電車で市場へ。仲卸店から魚を仕入れる。
8時	店に帰る。冷蔵庫やショーケースの電源を入れたり、まな板を消毒、漂白する。ショーケースが冷えてきたら冷凍モノを並べる。
9時	開店。
10時30分	市場から仕入れた魚が届く。魚を切り身や刺し身にするなど仕込みをし、魚のパッキング、値つけ、陳列を行う。この仕込みが完了するまでがいちばん忙しい。
12時	ひたすら接客、販売。休むひまはなく、昼食も食べない。
19時	閉店。売れ残ったものは冷蔵庫、冷凍庫に入れる。片付け。消費期限がきれたものは廃棄。掃除、売り上げの計算などをしてから帰宅。

さばいた鮮魚を店頭に陳列します

お客さまから一匹まるまるの魚やさく（ブロック）を刺し身にしてほしい、というリクエストもあります。そのために魚をすぐさばけるように、清潔な刺し身専用のまな板と包丁も用意しています。扱っているものが人の口に入る食材で、しかも生ものなので、衛生面にはとても気をつけています。まな板は消毒、殺菌、漂白して常に清潔を保っていますし、ひとつの作業をするたびに手を洗っています。

　仕込み終了後は、店に魚を買いに来てくれるお客さまの応対を行います。接客も仕入れと同じくらい重要な仕事。うちのような商店街にある地域密着型の鮮魚店は、どれだけ個々のお客さまの好みに合わせて対応できるかで、売り上げが変わってくるからです。一度しか来たことのないお客さまでも、その顔と買っていかれたものは全部覚えています。

　来店から1週間後に来たお客さまでも、「先週買っていったあのサンマはどうでした？」と聞くと、喜んでいただけます。また、市場に仕入れに行ったときも、「この魚はあの人が好きだったな。そろそろ来るころだから買っておかなきゃ」と仕入れているのです。

　こうして、お客さまがぼくの店を好きになり、くり返し買いに来てくれるようになるんです。まずは個々人のお客さまを喜ばせること。それ

「今日はいいマグロが入っていますよ」

が大事で、スーパーの鮮魚コーナーとは違う個人店ならではの強みでしょうね。お客さまとのやりとりがこの仕事の最大の魅力です。「このあいだ買った魚、おいしかったよ」と言ってもらえると、思わずガッツポーズするくらいうれしいです。また、仲良くなったお客さまから差し入れをいただくこともあるんですよ。

話し上手よりも聞き上手で

　うちのお客さまはほとんどが常連さんですが、はじめて来たお客さまにはまず、「どういう魚を探していますか？」と聞きます。目的の魚がない人もいるので、「今日のおすすめは何？」と聞かれたら、旬のものや自信のあるものを勧めます。でも、押しつけはしません。はじめての人からはできるだけ多くの情報を聞き出すことを心がけています。

　話し上手というよりも、聞き上手であることのほうが重要ですね。これは鮮魚店だけじゃなくて、どんな仕事にも共通することだと思います。ですから、みなさんもふだんから自分のことを話すことよりも、人の話を聞くことのほうにより気を配ってみたらいかがでしょうか。

鮮魚店の店長になるには

どんな学校に行けばいいの？
　特に決まったルートはない。一般的な中学・高校・大学を卒業後、鮮魚店やスーパーマーケットに就職する。修業の後、独立して自分の店を構える人も。ただし、店舗をもって営業するには「食品衛生責任者」の講習を受け、保健所に「魚介類販売業」の届けを出して検査を受け、認可を受けなければならない。「食品衛生責任者」の資格取得や「魚介類販売業」許可申請は、地域により若干の違いがあるため開業する場所を管轄する保健所に確認しよう。

どんなところで働くの？
　もっとも長い時間働くのは店舗の中。大きな切り身を食べやすく小さく切ったり、接客、販売を行う。また、仕入れのため魚市場へも出かける。

Chapter4　営業時間外にもいろいろな仕事があるんだ

働いている人に Interview! ⑨
花屋さんの店長

人びとが心豊かな生活を送れるよう
お花を生産者の元から
お客さまに届ける。

うしごめよしひろ
牛込義広さん
フラワー　ショップ
Flower Shop
ロッカ　ロッカ
Rócca_Rócca

大学を卒業した後、旅行会社で5年半勤務後、花屋さんに転職。9年の修業の後、野方商店街にRócca_Róccaを開店。現在は妻と2人で店を切り盛りしている。

128

Interview!

▶ 花屋さんの店長ってどんな仕事？

地域住民にきれいな花を提供するために、毎日早朝に起床し、市場に行って花を仕入れる。店に帰ってきてからは、仕入れた花を水につけたり、水換え、水やり、手入れ、店頭ディスプレー、商品補充、花束づくり、値段つけ、販売接客、掃除などのほか、得意先のお客さまや企業への配達、植え込みや植え替えも行う。

「接客」と「販売接客」は違う

　花屋さんとしてのぼくの使命は、お花を生産者さんから消費者であるお客さまの元に一輪でも多く届けること。これにより生産者さんは翌年により多くの花をつくることができ、お客さまは花をお部屋に飾ることで心が豊かになります。このためにぼくらは日々仕事をしているんです。

　花屋さんのメーンの仕事は、生花の販売とそれにまつわる業務です。花を扱う作業としては、大きく分けて「花束・アレンジメントの作成と販売」「鉢物の販売」「プランターや地面に植える苗ものの販売」「ドライフラワーなどの装飾的に使うものの販売」の４つがあります。

　具体的な業務内容はいろいろありますが、もっとも重要な仕事のひとつは販売接客です。「接客」と「販売接客」は違います。「接客」とは単に、花を買いにきたお客さまに花を渡してお金を受け取る行為。対して「販売接客」は、それに加えてお客さまにお花をご提案して買っていただく行為。そのためにはお客さまのご要望を引き出す力と、それにぴったりのお花をお勧めできる提案力が必要とされます。

　たとえばプレゼント用のお花を買いに来たお客さまの場合。ひと口にプレゼント用といっても出産、引っ越し、開店、誕生日、歓送迎会などいろいろとあるので、まず目的を聞きます。その上でいくつかパターンに沿って提案します。たとえば、新築祝いなら「万年青」という観葉植物は縁起がいいとされているので、縁起を担ぐ人に提案すると喜んで買っていかれます。植物だけではなく慣習などの知識も必要なんですよ。

花束をつくるときも、目的、贈る相手の人柄、予算、大きさ、好きな色や全体のイメージなどを聞いてつくります。ぼくはおおまかなイメージからつくるタイプです。花はありのままの状態がもっとも美しいので、自然のバランスを基本に奇抜なことはしないように心がけています。アレンジメントには基本的なセオリーがありますが、つくり手のセンスが出てしまうもの。同じ花を使っても、つくり手によって仕上がりがまったく違い、うまい、へたが如実に出ます。センスをみがくには練習と実践を重ねるしかありません。

ときにはお客さまが欲しい花がない場合もあります。そんなときは、必ず代案をお伝えします。たとえば、チューリップの球根が欲しいというお客さまが来たとき、在庫がなければ「育てるのも簡単ですし、香りもよく毎年咲くのでヒヤシンスもお勧めですよ」というように。

商売の要、仕入れ業務

接客販売と同じくらい重要なのが仕入れ業務です。生花市場にはほぼ毎日通っていますが、ぼくの通っている市場は月、水、金曜日が切り花

店頭にはさまざまな花が取りそろえてあります

Interview!

の日、火、木、土が鉢物の日と分かれています。

　仕入れの方法には2つあります。ひとつは競り。自分の目で見て選んだ花を狙った値段で競り落とします。1箱単位でしか買えないので、最低でも30本から、多いと一度に200本買うことになります。一本あたりの値段は安くなりますが、売れ残ってしまうリスクがあります。もうひとつが市場内にある仲卸店から買う方法。10本単位と少ない本数で購入でき、一本あたりの価格は高くなりますが、売れ残るリスクは減ります。一長一短ですね。ぼくはほとんど競りですが、たまに仲卸店から買うこともあります。たとえばお客

花屋さんの店長のある1日

5時	起床。
7時	トラックで市場着。競りで花を仕入れる。
10時	競り終了。仕入れた花を車に積み込んで店へ。
11時	店に到着。トラックから花を店内に運び、茎を切って水の入ったバケツに入れる。花がきれいに見えるように並べ替えて値札をつける。店内や店先に切り花や鉢物を並べる。花束をつくる。接客、販売、レジ打ちなど。
15時	お得意先へ花の配達へ。
16時	近所のお客さまの家に行き、庭の植物の植え替えを行う。
17時	接客、販売、花の手入れ。
20時	閉店。店先に出していた鉢物を店内に戻す。店内の片付け、掃除、ゴミ出しなど。
20時30分	店を出て家路につく。

「アレンジメントはセンスが問われるんですよ」

さまからの注文で買う花が決まっていたり、ウエディングブーケの材料など、むだなく効率的に花材が必要な場合です。

　この仕入れが花屋さんの商売の要で、同時にいちばん難しい作業でもあります。競りは朝7時から3時間ほど行うのですが、おおよその予算を決めてあるので、たくさん売れそうな季節の花をいかに安い値段で競り落とすかが重要。予算オーバーでも、競り中の早い時間帯に仕入れたものと合わせやすいものが出たら買います。また、通常よりも破格に安い花が出たら迷わず買うようにしています。

　産地や品種の付加価値をお客さまに伝えて理解してもらえれば買ってもらえるわけですが、お客さま好みの花をすべて仕入れることは不可能。どんなお客さまが来店されるかはわからないので、どの花をどのくらい仕入れるかはとても難しいんです。何十種類もの花をそろえても、「今日は欲しい花がないわね」と言われることもしょっちゅうですから。

　生花店は基本的に毎月の売り上げが安定しない商売です。忙しい時期は年に7回。3月の春のお彼岸と卒園・卒業式シーズン、5月のゴールデンウィークと母の日、7・8月のお盆、9月の秋のお彼岸、12月のクリスマス・年末です。特に年末はシクラメンやコチョウランなど高単

競りのようす。瞬時の判断力が要求されます

Interview!

価の花がどんと売れるので、売り上げがほかの月の3倍にもなります。

正直が常連客をつくる

　商売のうえで心がけていることは、お客さまにうそをつかないこと。安い理由を聞かれたら正直に答えるし、聞かれてわからないことは、「わかりません」と正直に言います。正直さが信頼につながり、くり返し来店されるお客さまが増える。これがすべての商売の基本。

　この仕事のやりがいは、お客さまに喜んでもらえること。花束をつくってお客さまにお渡ししたとき「期待以上です。ありがとうございました」と喜んでいただけると、すごくうれしいですね。以前、ウエディングブーケをつくったとき、お客さまだけでなく結婚式場のスタッフの人に、「これまでいろいろなブーケを見てきたけど、こんなすてきなものははじめて」と言われました。ご依頼くださったお客さまも喜んでくれて、異業種のプロからもすごいと言われるものがつくれたとき、花のプロとしてのやりがいを感じます。今後はもっと売り上げを伸ばして店舗を増やし、新人の育成にも力を入れていきたいと思っています。

花屋さんの店長になるには

どんな学校に行けばいいの？
　特に決まったルートはないが、一般的な中学・高校・大学を卒業後、フラワーアレンジメントや花屋さんの仕事・経営の方法などをひと通り学べる専門学校に入学する人が多い。花屋さんが主催するスクールもある。そのほか学生時代から花屋さんでアルバイトをして、実地で業務を覚えて就職する人も。他店で何年か修業の後、独立して自分の店を構える人も多い。

どんなところで働くの？
　もっとも長い時間働いているのは店内。仕入れのため生花市場に行ったり、配達のため個人宅や企業などに出向くことも多い。

Chapter4 営業時間外にもいろいろな仕事があるんだ

働いている人に Interview! ⑩
パン屋さんの職人

地元のお客さまにおいしいと
言ってもらえるパンをつくるために
日夜パンづくりにはげむ。

愛甲由紀枝さん
あいこう ゆき え
野方ブレッドファクトリー
の がた

高校卒業後、調理師専門学校に入学。卒業後はフランス料理店の料理人、会社での事務職、イタリアンバールで菓子づくり、パン職人養成学校、パン屋さんでのアルバイトなどを経て、2014年に夫と2人で「野方ブレッドファクトリー」を開業。

Interview!

パン屋さんの職人ってどんな仕事？

おいしいパンをつくるために、材料の仕入れ、生地づくり、発酵、成形、具の調理、焼きなどを行う。パン酵母は生きものであるため、温度や湿度、天候などで、できあがりが左右される。日々の微妙な調整が必要だ。早朝から深夜まで仕事は多いので、体力も必要だ。

パンづくりの工程

東京都中野区にある野方商店街に夫といっしょにパン屋さんを開業して2年になります。パンづくりの基本的な工程は、①材料を準備する、②生地をつくる、③寝かせる（発酵）、④折りたたむ・分割する、⑤休ませる、⑥成形する、⑦発酵、⑧焼くの8つです。

パン生地の材料である小麦は、製パンに最適な配合にブレンドしているものを製粉メーカーから購入して使っています。また、小麦の胚芽を全部残した全粒粉も使用しています。味はふつうの小麦粉とそれほど変わらないのですが、胚芽の部分にミネラルや食物繊維、栄養分が豊富に含まれているんですよ。

まずは、小麦粉や水、砂糖、バター、パン酵母などを配合して生地をつくります。食パンの場合は「湯ごね」という製法を採用しています。生地をこねる前にお湯と小麦粉を混ぜるやり方で、もちもちした食感になるんです。生地は2日間ほど寝かせ、手やミキサーなどの機械を使ってこねていきます。ミキサーは生地によって回すスピードを調整したり、粉も最適な温度で生地ができあがるように調整しています。こねあがった温度によって生地を寝かせる時間が変わってくるからです。

生地ができると、寝かせて発酵させます。パンの味や食感は、発酵具合で決まると言っても過言ではないほど重要な工程で、つくるパンによって違います。短時間で発酵させた生地は短時間で硬くなるので、低温長時間発酵を採用しています。これによって旨味も増すんですよ。

フロアで1時間常温で寝かせた後、冷蔵で12〜16時間、その後また常温で1時間ほど寝かせます。生地を発酵させると、内部のイースト菌からガスや気泡が発生して生地がだれてくるので、折りたたんでガスを抜きます。これによって生地の表面が張ってぷりっとした弾力がつき、コシが生まれるんです。さらに30分寝かせた後、生地を分割、成形。発酵室で発酵させたら焼きます。当店ではオーブンに溶岩窯を使っています。通常の鉄の窯より短時間で中まで火が通り、柔らかくなるんです。

フランスパンのような具のないパンはそのまま焼きますが、カレーパンのような具のあるパンは、中に具を詰めてから焼いたり揚げたりします。この具をつくる作業にも、手間と時間がかかっているんですよ。うちでつくっている主な具は、カレー、カスタードクリーム、きのこクリーム、ミルククリームなど。これは、生地を寝かせているあいだや休店時間に仕込んでいます。パン職人には料理の腕も必要とされるのです。

パンづくりは奥が深く、終わりがない

うちの店では30種類ほどのパンをつくっていますが、オープン以来

パン生地を成形していきます

いちばん人気は食パンです。お客さまからは、「翌日になっても柔らかい」「耳までおいしい」と好評です。特に宣伝はしてないのですが口コミで広がってほぼ毎日予約でいっぱい。昼と夕、一日2回焼いているのですが、ときには予約を断ることもあるほどです。お店を開く前から、食パンに力を入れようと思っていました。食パンはパン派の人たちにとっては、ご飯のように必ず毎日必要とされるからです。

　カレーパンに入れるカレーは、お肉をスパイスにひと晩つけたり、たまねぎをじっくり炒めたりしています。お客さまにおいしいと言っていただけるパンをつくるためには、

パン屋さんの職人のある1日

8時	出勤。パンづくり。
10時	開店。引き続きひたすらパンをつくって焼く。店が混んできたら販売・接客を手伝う。
12時30分	できあがった食パンを1斤ごとに切ってお客さまに渡す。
13時30分	ひたすらパンをつくって焼く。
14時	一時閉店。しかし店内では引き続きひたすらパンを焼く。いちばん忙しい時間帯。
15時	販売再開。焼きたてのパンを店頭に並べる。接客担当のアルバイトが休憩に入るので、販売・接客をする。
15時30分	昼食・休憩。
16時	パンづくり。
19時	閉店。仕込み。売り上げの集計など。
21時〜24時	業務終了。帰宅。

焼きたてのパンからいいかおりが漂います

妥協せず、ちゃんと手間ひまをかけなきゃいけない。この仕事は手を抜くことはいくらでもできますが、抜いたぶんだけお客さまにはわかってしまうので、絶対に手は抜けません。

パン酵母は生きものなので、同じパンでも日々の温度や湿度、季節、そもそもの小麦の育ち具合でも、できあがりが全然違ってくるんです。そこが難しいところでもあるし、同時におもしろいところでもあります。生地をつくっていても、ぷりっとコシがあるときと、ペニョンとなっているときがあって、「今日はちょっと元気がないね、何かあったの？ じゃあ、これを入れてみようか」と、小麦やイースト菌に話しかけながらつくっているんです。パンづくりは試行錯誤のくり返しの日々です。独立する前に修業していたパン屋さんは創業数十年ですが、それでも店長は、「まだまだ修業が足りない」と言っていました。パンづくりは奥が深く、終わりがない。そこもまた、この仕事の魅力のひとつです。

お客さまの笑顔が仕事の原動力

小学生のころからパン屋さんを開きたいと思っていたので、今は幸せ

お客さまにおすすめのパンを紹介しながら接客も

です。パンづくりの醍醐味はゼロからものを生み出せること。あと、やっぱりお客さまが「おいしい」と喜んでくれると、パン職人になってよかったなと思います。常連の方に「別の店でパンを買ったけどやっぱりここのじゃないとダメなのよ」と言われるとうれしいです。つらい点は仕事がハードだということ。一日中立ちっぱなしの動きっぱなしなので体力的に大変です。店を閉めているときも、仕込みなどやることはたくさんあります。でも、この仕事をやめようと思ったことはないですね。つらいことより、やりがいや楽しいことのほうが多いからです。

　雇われないで自分で商売をすることの魅力は、商売のやり方や働き方など、すべてを自分で決められること。そのかわりすべての結果の責任も自分で負わなくてはならないので、覚悟は必要です。今後も、長くこの商店街でみなさんに愛されるパン屋さんを続けていきたいですね。

　将来パン職人になりたい人は、いろいろな店のパンを食べておくことをお勧めします。そうすることによって、自分の好きな味がわかるからです。パン以外にも、おいしい料理を食べることが重要です。本物を食べると、おいしいものとおいしくないものの違いがわかるようになりますよ。今から自分の舌や味覚を鍛えておきましょう。

パン屋さんの職人になるには

どんな学校に行けばいいの？

　特に決まったルートはないが、一般的な中学・高校・大学を卒業後、調理系の専門学校などに進学し、パンをつくるための基本的な知識と技術を修得する。パン製造技能士という資格を取得するとパンづくりの基本的な実力が認められるが、必須ではない。その後、製パン会社、町のパン屋さん、レストラン、ホテルなどに就職して、パン職人としての技術をみがく。大きなメーカーだと分業制のため、一部の工程しかたずさわることができないが、個人経営のパン屋さんではすべての工程を経験できるので、修業するならこちらがおすすめ。

どんなところで働くの？

　製パン会社、町のパン屋さん、レストラン、ホテルなど。

Chapter4 営業時間外にもいろいろな仕事があるんだ

働いている人に Interview! ⑪

雑貨店の店員

自分がかわいいと思うものを
国内外で仕入れて
お店に並べて販売する。

小川優花さん
BusyBee

2006年に、母親が東京都杉並区の高円寺中通り商店街に洋服やアクセサリーなどの雑貨店「BusyBee」を開店。以来、店員として働く。現在は店で商品の陳列・接客・販売などを行う。母親といっしょに国内外で商品を仕入れることも。

Interview!

> ### 雑貨店の店員ってどんな仕事？
>
> 店にいるときは来店したお客さまからの質問に答えたり、おすすめの商品を提案したり、レジ打ちをする接客・販売を主に行う。暇を見つけてはこまめに商品の配置替えや店内の清掃も。商品の仕入れも重要な仕事で、定期的に国内や海外の洋服、雑貨の問屋街に赴き、商品の買いつけを行っている。

メーンの仕事は接客・販売

「BusyBee」は洋服、靴、アクセサリー、雑貨などを販売しているお店で、もともとは私の母が10年前に高円寺の商店街で立ち上げました。以来、母と私の2人で切り盛りしています。

とにかく商品点数が多く、すべて合わせると数百点は下らないと思います。多すぎて数えたことがないので自分でも正確な数はわからないんですけどね（笑）。商品の値段はいちばん安いのはヘアピンで200円くらいから、数万円の骨董品やジュエリー、洋服までとかなり幅が広いので、お客さまも小学生から80代のおばあちゃんまでとかなり幅広い年代の方に来てもらっています。数百円から1000円台のアクセサリーは女子中学生のみなさんに人気です。毎日たくさんのお客さまに来ていただいていますが、全体の6割がくり返し来てくれる、顔なじみの常連のお客さまです。

メーンの仕事は接客・販売です。接客するときに心がけていることは、お客さまにやたらと声をかけないようにすること。私自身、買い物をするときに店員さんに話しかけられたり商品を勧められると、落ち着いて自分で選べないし、押し売りされているような気持ちになるので嫌だからです。やっぱりお客さまには、商品をじっくりと見てもらって気に入ったものを買っていただきたいですからね。

とはいえもちろん、商品について聞かれたりしたときは、そのよさをしっかり伝えるし、どちらの商品にしようか迷っているお客さまにはい

っしょに考えたり、提案したり、「こちらのほうが似合うと思いますよ」と正直に客観的な感想を伝えたりしています。また、どういう目的で使うかを聞いたうえで、提案やアドバイスをしています。もちろん、みなさんそれぞれ好み、こだわりがあるのでそれに合わせて提案します。

　お客さまと話すときは、できるだけフレンドリーに、お友だち感覚で話すようにしています。雑貨店では試着がダメな店もありますが、ほんとうに似合うかどうかや、着心地や素材の好き嫌いは実際に着てみてはじめてわかるもの。納得してお買い上げいただきたいので、「試着だけでもいいですよ」と声をかけています。結果、買わなくてもいいんです。安心して選べる雰囲気を醸し出すことによって、またこのお店に来たいと思ってもらえるかもしれない。そんな接客を心がけているんです。

仕入れは雑貨店の命

　もうひとつの重要な仕事が商品の仕入れ。これがお店のファンを増やすことと売り上げに直結するので、この商売の命のようなものなんです。仕入れは月に一度、国内の問屋街と、3、4カ月に一度、韓国や中国な

すてきな雑貨がそろうBusyBee

Interview!

どの海外に行っています。おもしろいものは海外のほうが多いんですよ。

韓国には一度の仕入れで3、4日滞在して、洋服や雑貨の問屋を数十軒回ります。かわいくて素材や雰囲気がうちの店に合うなと思った商品は、片っ端から購入。韓国の問屋街は深夜からオープンする店が多いので、深夜から明け方まで買いつけに回り、最後のほうにはスーツケース3、4個がパンパンに（笑）。それをかかえて日本に帰るんですよ。

体力的には大変ですが、自分の目で実際に現物を確認して、「好き」と思えるものだけを仕入れたい。しかも、かわいいものを発見したいという気持ちが強いので、買いつけを

雑貨店の店員のある1日

13時30分	店に出勤。店内の整理整頓、商品を店の外に陳列、掃除などの開店準備を行う。
14時	開店。メーンの仕事は接客、販売。そのあいだに商品ディスプレーの変更も。お客さまが途絶えたら、仕入れてきた洋服に値札をつけたり、アイロンがけをしたり、清掃やブログの執筆も行う。
22時30分	店内外のライトを消し、店外にある商品を全部店内にしまうなど片付け。掃除、ゴミ出し。売り上げの計算、レジ締めなど。2階の倉庫から商品を持ってきて配置。季節ごとに洋服を入れ替えたりすることも。
23時	退店。季節の変わり目で商品の入れ替えをする場合は0時くらいになることもある。

迷っているお客さまにはアドバイス

楽しんでいます。

この仕事をしていてよかったと思うことは、友だちができたことです。店にふらっと入ってきたお客さまと、洋服・雑貨の好みなどがきっかけで意気投合。それからはよくお店に来てくれるようになって、最終的にはプライベートでも遊びに行くような友だちの仲になりました。そういう人たちは、私のとても大切な財産です。

また、お店にずっと定期的に来てくれていたのですが、あるときをさかいにぱったりと来なくなったお客さまがいました。数年ぶりに来てくれたときに理由を聞くと、遠くに引っ越してしまったからとのこと。でもその日は、どうしてもうちのお店に来たくて、わざわざ東京に来てくれたのです。「このお店が大好きだから、久しぶりに来ることができてうれしい」と言ってくれたときは、私のほうこそ涙が出るほどうれしくて、このお店で働いていてよかったと心の底から思いました。

この店は母と私が好きなものを置いている店なので、それを気に入って買ってくれるということは、私たちのセンスや好みを気に入ってくれているということ。こういう私たちの好きなものを世の中に発信して、多くの人と共有できることも、この仕事の大きなやりがいです。

買いつけた商品をディスプレーします

Interview!

自分のセンスに自信をもてるかどうか

　雑貨店の経営に求められるものは、まずセンス。そしてそれに自信をもてるかどうかも大事です。「この商品は自分がいいと思って店に置いているんだから、絶対に気に入ってくれる人がいるはず」と信じられる力は必須です。かわいい雑貨が好きで、自分の気に入ったものを多くの人に紹介したいという人は、この仕事に向いていると思いますよ。

　将来、雑貨店を開きたいと思っている人は、今からたくさんの雑貨店に行っていろいろなかわいいものを見ることをおすすめします。そうすることによって、自分がいいなとか世の中に広めたいなと思うもの、つまり自分の好みがわかってくるからです。また、美術館をめぐって本物の芸術にふれたり、ファッション雑誌を読んだり、おしゃれな人が着ているものや持っているものを観察することは、感性をみがくうえでかなり役に立つでしょうね。私自身も昔からよくやっています。

　今後は雑貨店経営に関してもっといろいろなことを勉強して、このお店を総合的にプロデュースしたいですね。そして2号店を出店して、最終的には私だけのお店をもちたいと思っています。

雑貨店の店員になるには

どんな学校に行けばいいの？
　特に決まったルートはない。一般的な中学・高校・大学を卒業後、個人経営の雑貨店か、複数の雑貨店を経営する会社などに就職する。学生時代に雑貨店でアルバイトをする人も多い。仕入れ、接客、販売など修業を積んだ後、独立して自分の店を構える人も。

どんなところで働くの？
　いちばん長い時間働いているのは店内。商品のディスプレー・清掃・接客・販売・レジ打ち・売り上げの計算などを行っている。商品の仕入れのため、国内の問屋街や海外の問屋街へも定期的に訪れる。

▶ 独自の取り組みで活性化に成功した商店街2

おもしろポスターで商店街を活性化

　厳しい状況に立たされている商店街だが、これまでほかの商店街がやってこなかったような斬新な取り組みで活性化に成功した商店街もある。大阪の「文の里商店街」もそのひとつ。2013年8月28日から12月31日まで開催した「文の里商店街ポスター展」は大きな話題となった。

　文の里商店街は1951年11月に設立された古きよき時代を感じさせる商店街で、顧客は主に近隣の高齢者。しかし、同じ商圏内に中型スーパーが出現したり、近年では近くにあべのハルカスやキューズモールなどの巨大商業施設が開業するなど、激化する販売競争の中で苦戦を強いられていた。

　それでなんとかこの商店街を盛り上げようと大阪商工会議所と文の里商店街と電通関西支社が協働し、「文の里商店街ポスター展」を開催。電通の若手コピーライターとデザイナー総勢60名が同商店街の52店舗のPRポスターを200点以上制作、そのおもしろさから大きな話題になった。みんなのなかにも見たことあるって人、多いんじゃないかな。

　特筆すべきはそのキャッチコピーと写真とデザイン。思わず笑ってしまうほどのインパクトがあり、さすが大阪と思わずにはいられない。これらは商店主と制作者との会話の中から生まれ、それぞれのお店の特徴や歴史を表現している。しかもこれらのポスターは、広告代理店の社員研修の一環ということで、無償ボランティアで作成された。

　その結果、テレビ番組、新聞、インターネットなどたくさんの各種メディアで取り上げられ、その広告効果は3億円を上回ると試算

された。文の里商店街には、全国各地のみならず海外からも見物客や取材・視察が続き、来街者が大幅に増加。その結果、なかには売り上げが1〜2割程度向上した店舗もあるという。さらに、同商店街では、ポスター展を契機として交流が始まった若手アーティスト団体と新たなアートイベントを企画・実行するなど、新たな商店街活性化事業を展開し、ポスター展が一過性で終わらないように努力している。

　文の里商店街協同組合理事長の江藤明さんは「商店街でイベントを開催したらその日だけは確かにいつもよりは来る人は増えるけれど、イベントが終わればまた元に戻る。商店街の本当の活性化のためにそれでは意味がありません。だから継続的にたくさんの人に来てもらうにはどうすればいいかを考えてこのポスター展を開催しました。電通の若手クリエーターが2カ月間悩み抜いてつくったポスターは多くの人たちに好評で、国内だけではなく海外からもたくさんの人が今でも来ています。これで終わらせずに、これからもいろいろとおもしろいことを考えて実施したいと思っています」と語った。

ポスター展のポスターの一部

文の里商店街協同組合提供

▶ **独自の取り組みで活性化に成功した商店街3**

ゲームを活用して商店街を活性化

　1968年にタカラ（現・タカラトミー）から発売された大ヒットゲーム「人生ゲーム」。プレーヤーはルーレットを回し、人の一生になぞらえたイベントをこなしていく。発売開始からこれまでシリーズ56作品、累計1300万個を売り上げており、約50年経つ現在でも改良版が発売されるなど息の長いゲームだ。大人数で盛り上がれるので、友だちや家族と遊んだことのある読者も多いと思う。当初はボードゲームのみだったが、携帯版、パソコン版、オンライン版、スマホゲーム版などさまざまなバリエーションがあり、今でも老若男女、誰でも楽しめるゲームとして人気を博している。

　この「人生ゲーム」を使って商店街の活性化に成功したのが島根県出雲市の平田本町商店街だ。そもそもは島根県出雲市産業観光部産業振興課が、老若男女に愛される「人生ゲーム」のシステムを、商店街振興に活かせないかと思いついたのがきっかけだったという。両者は企画を練り、2013年、平田本町商店街で第1回目の「まちあそび人生ゲーム」を開催。参加者は手渡された特製のルート図とおもちゃの紙幣の束を持ち、ルーレットを回して、出た目の商店へマップを見て移動し、商店でのふれあいを楽しむというもの。ルート図には南北200メートルの商店街が描かれ、各商店がすごろくのマス目になっている。参加者は出発すると、店先のルーレットを回して、数字に応じて近隣の店を訪れる。ルーレットの出目は、少しずつたくさんの店をめぐれるように1〜3に限られている。

　商店街の書店や薬局、青果店などさまざまな店の店主は、店を訪れた参加者にちょっとしたプレゼントを手渡したり、店内の品ぞろえを紹介。なかにはじゃんけんや剣玉勝負で紙幣をやりとりする店

主も。最終的に残額が多い順に賞品がもらえる。このイベントには市内外から約2000人が参加し、おおいににぎわった。

このイベントの初開催の翌年には、平田本町商店街のある出雲市と、人生ゲームの生みの親であるタカラトミー、結婚相手紹介サービス業のツヴァイが連携し、官民連携での地域活性化事業「いずも縁結び人生ゲーム」プロジェクトが始動。第1弾として出雲大社の門前町で「『縁結び人生ゲーム』DE婚活ツアー」が開催された。

参加者はチーム（2人以上）で参加料500円を払って、まずはくじで職業を決め、初任給を手にスタート。ルーレットが示した店舗で結婚のお祝いや給料をもらったり、家のリフォーム代を払ったり専用通貨をやりとりするなど、ボード盤とほぼ同じルール。ゴールでは専用通貨を商品券と交換でき、さらに上位10チームと飛び賞に、後日賞品が贈られる。ゲームを楽しみながらいろいろな店に入り、商品券で買い物ができるうえ、店を知ることで、再来店のきっかけづくりにもなるというものだった。

これらの人生ゲームのイベントは参加者からも大好評。2年間で合計3回開催した結果、「イベントが楽しかった」と答えた参加者は毎回95パーセント以上。さらに回を重ねるごとに地域外からの参加者が増加した。初回のイベントでは買い物をする参加者が少なかったが、2回目以降は買い物をした参加者が半数以上に増加し、再来店したいと興味を示す参加者がほとんどだった。

このようなゲームを使ったイベントは参加者も商店主も一体となって楽しめるし、これまでその商店街に来訪したことのないような人もたくさん呼び込める。今後、商店街活性化の有効な起爆剤として全国各地の商店街で実施されるかもしれない。

▶ 独自の取り組みで活性化に成功した商店街4

大学との連携で活性化を実現した商店街

　さまざまな外的要因、内的要因で苦境に立たされている商店街。突破口を見い出そうにも、やはり商店街振興組合だけでは限界がある。そこで、全国には自分たちにはない発想力と実行力を求めて大学と連携して、活性化に取り組んでいる商店街も数多く存在する。「戸越銀座コロッケ」で全国的にも有名な東京都品川区にある戸越銀座商店街もそのひとつ。戸越銀座商店街では、商店街の中でお客さまが欲しがるものをつくろうと「戸越銀座ブランド」に向けた取り組みがスタート。1999年からさまざまなブランド商品が生み出されたが、その中の最大のヒット商品が2009年から始まった立正大学との連携による「戸越銀座コロッケ」だ。従来から精肉店や惣菜店などで売られていたコロッケを戸越銀座の定番の土産にしようと、名称を「戸越銀座コロッケ」に統一し、さらに7店舗で取り扱う「戸越銀座コロッケ」をひとつに詰めて持ち歩ける「コロッケ用ギフトボックス」を作成した。その箱のデザインやパッケージ印刷業者との交渉、コロッケ販売店のマップやのぼりの作成も学生たちが担当。月に一度開かれる「銀六祭」では手づくりコロッケの製作・販売も学生たちが行っている。さらに、学生たちはこれらの企画からチラシの制作、コロッケの材料仕入れ、調理、販売、マスコットによるプロモーションまでにたずさわるほか、各コロッケ販売店のプロモーションビデオを作成し、各店舗のPRや「コロッケのまち」のプロモーションに活用している。

　この一連の取り組みが新聞やテレビなどでくり返し取り上げられたことで、「戸越銀座といえばコロッケ」というブランドが創造された。来客数も増え、売り上げ増を実現した。

商店街がかかえる大きな問題のひとつに空き店舗の増加がある。空き店舗が増えるとそれだけさびれているというイメージダウンになり、さらに客足が遠のくという悪循環が生まれる。その空き店舗問題に大学と連携して取り組んでいるのが山口県の山口市西門前商店街だ。この商店街では、山口県立大学で服飾デザインを学ぶ学生と協働で空き店舗を活用して、地元アパレル企業と提携したファッションイベントの開催や受注生産衣料品のプロデュースを行う会社運営を行っている。

　きっかけは、山口県立大学生活文化学研究室の教授と県の企画立案を担当する職員との出会い。県が商店街に研究室を設置することを山口県立大学に提案したことが発端となり、1999年に商店街の空き店舗を活用して、2階に服飾デザイン研究室、1階には学生が制作した洋服やアクセサリーを販売する文化発信ショップ「Naru Naxeva」をオープンさせた。商店街におけるサテライト研究室の事業は、県による3年間の支援が終了した後に閉店したが、学生たちはそれまでの成果を活かし、有限会社「ナルナセバ」を創業。商店街のほかの空き店舗に事務所を移し、新たな事業に取り組んでいる。単に商店街の活性化だけではなく、学生に実践的なビジネスを学ぶ機会を提供することで、学生にとっても大きなメリットがある取り組みだ。今後、大学との連携を推進する商店街は増えると思われるが、大学を巻き込むためには、学生にとってもメリットのある取り組みをいかに考えるかがひとつの鍵となるだろう。

　将来は自分でお店を開きたいとか地元を元気にしたいと思っている読者は、この商店街を今より活気のあふれた商店街にするにはどうすればいいか、という視点で地元の商店街を歩いてみてはどうだろう。いろいろな発見があっておもしろいし、将来の役に立つかもしれない。

この本ができるまで
——あとがきに代えて

　まずはこの本の企画に賛同してくださった、いくつかの商店街のお店で働くみなさんに心より御礼を申し上げます。お仕事中にもかかわらず取材に快く協力してくださりまことにありがとうございました。また、商店街の歴史や特徴、取り組みについて教えていただいた商店街振興組合の方々にも重ねて御礼申し上げます。

　私も思い起こせば夏祭りや夜市など、子どものころの思い出は商店街にまつわることが多く、今回の取材を通してなつかしく思いました。また、当時は知らなかった、商店街で商売をしているみなさんのご苦労もうかがい知ることができて、あらためて商店街は地域に欠かせない重要な場所だということが身にしみてわかりました。

　昨今の景気低迷、人口の減少、少子高齢化、大型スーパーマーケットやショッピングセンターの台頭、後継者不足など、さまざまな問題で特に地方の商店街は苦境に立たされています。しかしそんな中でも商店街で商売をしている人たちは、みんなで一生懸命に知恵を絞り、地元の活性化のために尽力しています。確かに価格面では大資本のスーパーなどに太刀打ちできないかもしれませんが、自分の好みを覚えていてくれる商店主とのおしゃべりなど、それ以上に商店街の個人店で購入する魅力はあります。私も肉は地元の商店街の精肉店、魚は鮮魚店、野菜は青果店で購入することにしています。これまで商売を通じて地域に貢献してきた個人店で購入することが、地域の活性化につながるとも言えるのです。

　最後に企画から制作まで的確な助言をくださったぺりかん社の担当編集者の中川和美さん、わかりやすくかわいいイラストを描いてくださった山本州さんにもこの場を借りて御礼を申し上げます。

この本に協力してくれた人たち（50音順）

アグリゲート（旬八青果店）
浅岡絵理香さん、左今克憲さん、佐藤麻美さん

伊藤製作所
伊藤康一さん

太田花き
内田奈那さん

紀文堂
須﨑雅紀さん、須﨑正巳さん

旬
大野隆也さん

中島屋精肉店
保坂 勲さん、保坂光晴さん

中野ブロードウェイ商店振興組合
金子義孝さん

野方ブレッドファクトリー
愛甲哲大さん、愛甲由紀枝さん

ハイクラウン（アフターファッションケア）
池田一徳さん、小田節子さん

BusyBee
小川優花さん

文の里商店街協同組合
江藤 明さん

Flower Shop Rócca_Rócca
牛込義広さん

文房具のながとや
青木一哉さん

まんだらけ中野店
樋口 塊さん、山本真也さん

谷中銀座商店街振興組合
竿代信也さん

主な参考文献・資料・Webサイト

満薗勇『商店街はいま必要なのか「日本型流通」の近現代史』講談社（2015年）

中小企業庁『商店街実態調査報告書』（2016年）

山田宏『経済のプリズム No100』商店街は再び活性化できるのか～統計からみた商店街の四半世紀～　経済産業委員会調査室（2012年）

『H26商業統計調査』経済産業省（2014年）

『がんばる商店街77選』中小企業庁（2006年）

『新・がんばる商店街77選』中小企業庁（2009年）

東日本大震災復興情報レポート『「仮設住宅に寄り添う「ショッピングセンター」』東北電力（2012年）

鈴木隆男『企業診断ニュース』商店街とは何か――その形成の歴史と商業政策の変遷　同友館（2015年）

『街元気セミナー　まちづくりのための若者連携ヒント集』独立行政法人中小企業基盤整備機構（2009年）

その他、各商店街の公式Webサイト

装幀：菊地信義

本文デザイン・イラスト：山本 州(raregraph)

本文DTP：吉澤衣代(raregraph)

本文写真：山下久猛

［著者紹介］
山下久猛（やました　ひさたけ）

フリーランスライター、編集者。1969年生まれ、愛媛県出身。出版社や転職サイトなどの編集、執筆を経て独立。現在はフリーランスとして雑誌、書籍、ウェブサイトの編集、執筆にたずさわっている。好きなテーマは仕事、キャリアなど。さまざまな職業人の仕事観、人生観、歩んできた道のりを聞いて伝えることをライフワークとしている。著書に『魂の仕事人』（河出書房新社）、『新聞社・出版社で働く人たち』『ダム・浄水場・下水処理場で働く人たち』（ともにぺりかん社）、構成に『拘置所のタンポポ──薬物依存　再起への道──』（双葉社）などがある。趣味はダイビングと食べ歩き。
Webサイト：http://interviewer69.com/

しごと場見学！──商店街で働く人たち

2016年10月10日　初版第1刷発行

著　者：山下久猛
発行者：廣嶋武人
発行所：株式会社ぺりかん社
　　　　〒113-0033　東京都文京区本郷1-28-36
　　　　TEL：03-3814-8515（営業）　03-3814-8732（編集）
　　　　http://www.perikansha.co.jp/
印刷・製本所：株式会社太平印刷社

Ⓒ Yamashita Hisatake 2016
ISBN 978-4-8315-1452-3
Printed in Japan

出版案内

しごと場見学！シリーズ

しごとの現場としくみがわかる！

第1期：全7巻
第2期：全4巻
第3期：全4巻
第4期：全4巻

全国中学校進路指導連絡協議会 推薦

私たちの暮らしの中で利用する場所や、施設にはどんな仕事があって、どんな仕組みで成り立っているのかを解説するシリーズ。

豊富なイラストや、実際に働いている人たちへのインタビューで、いろいろな職種を網羅して紹介。本書を読むことで、「仕事の現場」のバーチャル体験ができます。

各巻の内容・構成

① まずはイラスト頁で「しごと場」の様子・しくみと、そこで働く様々な人たち・職業をチェック！

② 大事なところは太字とイラストで解説しています。

③ インタビュー頁では実際に働いている先輩の声を紹介。

シリーズ第1期：全7巻

病院で働く人たち／駅で働く人たち／放送局で働く人たち／学校で働く人たち／介護施設で働く人たち／美術館・博物館で働く人たち／ホテルで働く人たち

シリーズ第2期：全4巻

消防署・警察署で働く人たち／スーパーマーケット・コンビニエンスストアで働く人たち／レストランで働く人たち／保育園・幼稚園で働く人たち

シリーズ第3期：全4巻

港で働く人たち／船で働く人たち／空港で働く人たち／動物園・水族館で働く人たち

シリーズ第4期：全4巻

スタジアム・ホール・シネマコンプレックスで働く人たち／新聞社・出版社で働く人たち／遊園地・テーマパークで働く人たち／牧場・農場で働く人たち

各巻の仕様	A5判／並製／160頁／価格：本体1900円+税

出版案内

5教科が仕事につながる！

《主要5教科》
英語の時間
国語の時間
数学の時間
理科の時間
社会の時間

《別巻4教科》
保健体育の時間
美術の時間
技術・家庭の時間
音楽の時間

全9巻 完結！

松井大助・小林良子＝著　［推薦］全国中学校進路指導連絡協議会

中学校の科目からみる ぼくとわたしの職業ガイド

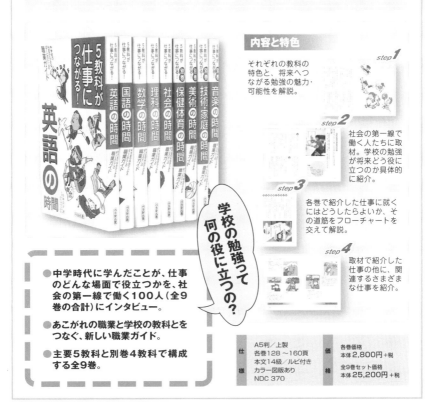

内容と特色

step 1　それぞれの教科の特色と、将来へつながる勉強の魅力・可能性を解説。

step 2　社会の第一線で働く人たちに取材。学校の勉強が将来どう役に立つのか具体的に紹介。

step 3　各巻で紹介した仕事に就くにはどうしたらよいか、その道筋をフローチャートを交えて解説。

step 4　取材で紹介した仕事の他に、関連するさまざまな仕事を紹介。

学校の勉強って何の役に立つの？

- 中学時代に学んだことが、仕事のどんな場面で役立つかを、社会の第一線で働く100人（全9巻の合計）にインタビュー。
- あこがれの職業と学校の教科とをつなぐ、新しい職業ガイド。
- 主要5教科と別巻4教科で構成する全9巻。

仕様　A5判／上製
　　　各巻128〜160頁
　　　本文14級／ルビ付き
　　　カラー図版あり
　　　NDC 370

価格　各巻価格　本体2,800円＋税
　　　全9巻セット価格　本体25,200円＋税

出版案内

会社のしごとシリーズ 全6巻
会社の中にはどんな職種があるのかな？

松井大助 著

社会にでると多くの人たちが「会社」で働きます。会社には、営業や企画、総務といったしごとがありますが、これらがどういうしごとであるか、意外と正しく理解されていないのではないでしょうか？
このシリーズでは、会社の職種を6つのグループに分けて分かりやすく紹介し、子どもたちに将来のしごとへの理解を深めてもらうことを目指します。

① 売るしごと
営業・販売・接客
ISBN 978-4-8315-1306-9

お客さまと向き合い、会社の商品であるモノやサービスを買ってもらえるように働きかける「営業・販売・接客」のしごと。実際に働く14名へのインタビューを中心に、くわしく紹介します。

② つくるしごと
研究・開発・生産・保守
ISBN 978-4-8315-1323-6

ニーズにあった形や色・機能の商品を、適切な技術と手順で商品に仕上げ、管理する「研究・開発・生産・保守」のしごと。実際に働く14名へのインタビューを中心に、くわしく紹介します。

③ 考えるしごと
企画・マーケティング
ISBN 978-4-8315-1341-0

新たなモノやサービスを考え出し、お客様に買ってもらうための作戦を立てる「企画・マーケティング」のしごと。実際に働く14名へのインタビューを中心に、くわしく紹介します。

④ 支えるしごと
総務・人事・経理・法務
ISBN 978-4-8315-1350-2

各部門の社員が十分に力を発揮できるように、その活動をサポートする「総務・人事・経理・法務」のしごと。実際に働く14名へのインタビューを中心に、くわしく紹介します。

⑤ そろえるしごと
調達・購買・生産管理・物流
ISBN 978-4-8315-1351-9

工場やお店に必要なモノがそろうように手配する「調達・購買・生産管理・物流」のしごと。実際に働く14名へのインタビューを中心に、くわしく紹介します。

⑥ 取りまとめるしごと
管理職・マネージャー
ISBN 978-4-8315-1352-6

みんながいきいきと働いて、目的を達成できるように取りまとめる「管理職・マネージャー」のしごと。実際に働く14名へのインタビューを中心に、くわしく紹介します。

各巻の仕様　A5判／上製カバー装／平均160頁　　価格：本体2800円＋税

出版案内

探検! ものづくりと仕事人
仕事人が語る、ものづくりのおもしろさ！　全5巻

本シリーズの特色
- その商品ができるまでと、かかわる人たちをMAPで一覧！
- 大きな写真と豊富なイラストで、商品を大図解！
- できるまでの工場見学をカラーページで紹介！
- 仕事人のインタビューから、仕事のやりがいや苦労がわかる！
- 歴史や知識もわかる、豆知識ページつき！

マヨネーズ・ケチャップ・しょうゆ
山中伊知郎 著

ISBN 978-4-8315-1329-8

マヨネーズ　マヨネーズができるまでを見てみよう！　マヨネーズにかかわる仕事人！　ケチャップ　ケチャップができるまでを見てみよう！　ケチャップにかかわる仕事人！　しょうゆ　しょうゆができるまでを見てみよう！　しょうゆにかかわる仕事人！　まめちしき（マヨネーズの歴史 他）

ジーンズ・スニーカー
山下久猛 著

ISBN 978-4-8315-1335-9

ジーンズ　ジーンズができるまでを見てみよう！　ジーンズにかかわる仕事人！　スニーカー　スニーカーができるまでを見てみよう！　スニーカーにかかわる仕事人！　まめちしき（ジーンズの歴史・生地の話、スニーカーの歴史、スニーカーの選び方）

シャンプー・洗顔フォーム・衣料用液体洗剤
浅野恵子 著

ISBN 978-4-8315-1361-8

シャンプー　シャンプーができるまでを見てみよう！　シャンプーにかかわる仕事人！　洗顔フォーム　洗顔フォームができるまでを見てみよう！　洗顔フォームにかかわる仕事人！　衣料用液体洗剤　衣料用液体洗剤ができるまでを見てみよう！　衣料用液体洗剤にかかわる仕事人！　まめちしき（シャンプーの歴史 他）

リップクリーム・デオドラントスプレー・化粧水
津留有希 著

ISBN 978-4-8315-1363-2

リップクリーム　リップクリームができるまでを見てみよう！　リップクリームにかかわる仕事人！　デオドラントスプレー　デオドラントスプレーができるまでを見てみよう！　デオドラントスプレーにかかわる仕事人！　化粧水　化粧水ができるまでを見てみよう！　化粧水にかかわる仕事人！　まめちしき（リップクリームの歴史 他）

チョコレート菓子・ポテトチップス・アイス
戸田恭子 著

ISBN 978-4-8315-1368-7

チョコレート菓子　チョコレート菓子ができるまでを見てみよう！　チョコレート菓子にかかわる仕事人！　ポテトチップス　ポテトチップスができるまでを見てみよう！　ポテトチップスにかかわる仕事人！　アイス　アイスができるまでを見てみよう！　アイスにかかわる仕事人！　まめちしき（チョコレート菓子の歴史 他）

各巻の仕様	A5判／上製カバー装／平均128頁／一部カラー　　価格：本体2800円＋税

【なるにはBOOKS】

税別価格 1170円〜1300円

- ❶ パイロット
- ❷ スチュワーデス・スチュワード
- ❸ ファッションデザイナー
- ❹ 冒険家
- ❺ 美容師・理容師
- ❻ アナウンサー
- ❼ マンガ家
- ❽ 船長・機関長
- ❾ 映画監督
- ❿ 通訳・通訳ガイド
- ⓫ グラフィックデザイナー
- ⓬ 医師
- ⓭ 看護師
- ⓮ 料理人
- ⓯ 俳優
- ⓰ 保育士
- ⓱ ジャーナリスト
- ⓲ エンジニア
- ⓳ 司書・司書教諭
- ⓴ 国家公務員
- ㉑ 弁護士
- ㉒ 工芸家
- ㉓ 外交官
- ㉔ コンピュータ技術者
- ㉕ 自動車整備士
- ㉖ 鉄道員
- ㉗ 学術研究者（人文・社会科学系）
- ㉘ 公認会計士
- ㉙ 小学校教師
- ㉚ 音楽家
- ㉛ フォトグラファー
- ㉜ 建築技術者
- ㉝ 作家
- ㉞ 管理栄養士・栄養士
- ㉟ 販売員・ファッションアドバイザー
- ㊱ 政治家
- ㊲ 環境スペシャリスト
- ㊳ 印刷技術者
- ㊴ 美術家
- ㊵ 弁理士
- ㊶ 編集者
- ㊷ 陶芸家
- ㊸ 秘書
- ㊹ 商社マン
- ㊺ 漁師
- ㊻ 農業者
- ㊼ 歯科衛生士・歯科技工士
- ㊽ 警察官
- ㊾ 伝統芸能家
- ㊿ 鍼灸師・マッサージ師
- 51 青年海外協力隊員
- 52 広告マン
- 53 声優
- 54 スタイリスト
- 55 不動産鑑定士・宅地建物取引主任者
- 56 幼稚園教師
- 57 ツアーコンダクター
- 58 薬剤師
- 59 インテリアコーディネーター
- 60 スポーツインストラクター
- 61 社会福祉士・精神保健福祉士
- 62 中小企業診断士
- 63 社会保険労務士
- 64 旅行業務取扱管理者
- 65 地方公務員
- 66 特別支援学校教師
- 67 理学療法士
- 68 獣医師
- 69 インダストリアルデザイナー
- 70 グリーンコーディネーター
- 71 映像技術者
- 72 棋士
- 73 自然保護レンジャー
- 74 力士
- 75 宗教家
- 76 CGクリエータ
- 77 サイエンティスト
- 78 イベントプロデューサー
- 79 パン屋さん
- 80 翻訳家
- 81 臨床心理士
- 82 モデル
- 83 国際公務員
- 84 日本語教師
- 85 落語家
- 86 歯科医師
- 87 ホテルマン
- 88 消防官
- 89 中学校・高校教師
- 90 動物看護師
- 91 動物訓練士
- 92 動物飼育係・イルカの調教師
- 93 フードコーディネーター
- 94 シナリオライター・放送作家
- 95 ソムリエ・バーテンダー
- 96 お笑いタレント
- 97 作業療法士
- 98 通関士
- 99 杜氏
- 100 介護福祉士
- 101 ゲームクリエータ
- 102 マルチメディアクリエータ
- 103 ウェブクリエータ
- 104 花屋さん
- 105 保健師・助産師・養護教諭
- 106 税理士
- 107 司法書士
- 108 行政書士
- 109 宇宙飛行士
- 110 学芸員
- 111 アニメクリエータ
- 112 臨床検査技師・診療放射線技師・臨床工学技士
- 113 言語聴覚士・視能訓練士・義肢装具士
- 114 自衛官
- 115 ダンサー
- 116 ジョッキー・調教師
- 117 プロゴルファー
- 118 カフェオーナー・カフェスタッフ・バリスタ
- 119 イラストレーター
- 120 プロサッカー選手
- 121 海上保安官
- 122 競輪選手
- 123 建築家
- 124 おもちゃクリエータ
- 125 音響技術者
- 126 ロボット技術者
- 127 ブライダルコーディネーター
- 128 ミュージシャン
- 129 ケアマネジャー
- 130 検察官
- 131 レーシングドライバー
- 132 裁判官
- 133 プロ野球選手
- 134 パティシエ
- 135 ライター
- 136 トリマー
- 137 ネイリスト
- 138 社会起業家
- 139 絵本作家
- 140 銀行員
- 141 警備員・セキュリティスタッフ
- 142 観光ガイド
- 143 理系学術研究者
- 144 気象予報士・予報官
- 補巻1 空港で働く
- 補巻2 美容業界で働く
- 補巻3 動物と働く
- 補巻4 森林で働く
- 補巻5 「運転」で働く
- 補巻6 テレビ業界で働く
- 補巻7 「和の仕事」で働く
- 補巻8 映画業界で働く
- 補巻9 「福祉」で働く
- 補巻10 「教育」で働く
- 補巻11 環境技術で働く
- 補巻12 「物流」で働く
- 補巻13 NPO法人で働く
- 補巻14 子どもと働く
- 補巻15 葬祭業界で働く
- 補巻16 アウトドアで働く
- 補巻17 イベントの仕事で働く
- 別巻 理系のススメ
- 別巻 「働く」を考える
- 別巻 働く時のルールと権利
- 別巻 就職へのレッスン
- 別巻 数学は「働く力」
- 別巻 働くための「話す・聞く」

一部品切中のものがございます。在庫につきましては、小社営業部までお問い合わせください。

16.06.